教室也可以不一样

——南京市北京东路小学红山分校新绿芽课程

赵功伟　徐德忠　主编

苏州大学出版社

图书在版编目(CIP)数据

教室也可以不一样：南京市北京东路小学红山分校新绿芽课程/赵功伟，徐德忠主编. —苏州：苏州大学出版社，2021.11
　　ISBN 978-7-5672-3756-8

　　Ⅰ.①教… Ⅱ.①赵… ②徐… Ⅲ.①小学—教学研究 Ⅳ.①G622.0

中国版本图书馆 CIP 数据核字(2021)第 222563 号

教室也可以不一样
——南京市北京东路小学红山分校新绿芽课程

赵功伟　徐德忠　主编

责任编辑　冯　云

苏州大学出版社出版发行
(地址：苏州市十梓街1号　邮编：215006)
镇江文苑制版印刷有限责任公司印装
(地址：镇江市黄山南路18号润州花园6-1　邮编：212000)

开本：700 mm×1 000 mm　1/16　印张：12　字数：183千
2021年11月第1版　2021年11月第1次印刷
ISBN 978-7-5672-3756-8　定价：48.00元

图书若有印装错误，本社负责调换
苏州大学出版社营销部　电话：0512-67481020
苏州大学出版社网址　http://www.sudapress.com
苏州大学出版社邮箱　sdcbs@suda.edu.cn

编 写 组

主　　编　赵功伟　徐德忠
副 主 编　赖　媛　周　圆　苏　畅
　　　　　　张　敏
编写人员　夏　至　曹　雨　姚云星
　　　　　　严　漩　严　蕾　严　昆
　　　　　　张松越　孙文静　刘　霙
　　　　　　张田砲　仲召弟　陈　文
　　　　　　朱　莹　黄　娟　赵淑媛
　　　　　　吴嘉伟

序一

好学校的样子

美国思想家梭罗在《种子的信仰》里描述道:"如果你在地里挖一个池塘,很快就会有水鸟、两栖动物及各种鱼,还有常见的水生植物,如百合等。你一旦挖好池塘,自然就开始往里面填东西。尽管你也许没有看见种子是如何、何时落到那里的,自然看着它呢。"在这里,池塘便是好学校,学生就是水鸟,两栖动物就是植物。好的学校是一方池塘,好的学校是一泓润物无声的清泉。

杨九俊先生说:"让学校成为到处流淌着奶和蜜的地方。"我觉得南京市北京东路小学红山分校(以下简称"北小红山分校")就是一个好学校,它具有好学校的样子。这所学校是什么样的呢?

第一,好学校有好梦想。北小红山分校的办学愿景是"自由呼吸,顺性生长,创建生态和谐发展的现代学校"。学校秉承杜威的教育思想"教育即生长",要办一所教育如画、教育如水、教育如阳的好学校。

第二,好学校有好课程。北小红山分校的新绿芽课程框架非常形象地展示了其课程体系。形象地说,新绿芽课程就像一双大手捧起了一个绿色的嫩芽。这一双大手,左手写着"自由呼吸",右手写着"顺性生长"。国家基础课程就是新绿芽课程的主干,从主干之上生长出两片绿叶,右边的绿叶是学科的拓展课程,左边的绿叶是体验活动课程。新绿芽课程就是培养一群"清新、向上、有灵气的现代红山学子"。

第三,好学校有好课堂。北小红山分校提出了"深呼吸课堂"的理念。"深呼吸课堂"的四个本质特征即"交换、更新、平衡、循环"。"深呼吸课堂"中"平衡"这一特征,意指吸入氧气达到饱和状态时,人体会达到一个新的平衡。"深呼吸课堂"从一个平衡转向另一个不平衡，再达到一个新的平衡，体现了认知的不断发展，成就了学生的不断成长。深呼吸的过程就是循环往复的过程，一次次地吐故纳新，完成呼吸的过程，其实也就是课堂中完成教学的过程，完成培养的过程。"深呼吸课堂"是自然的课堂，是生长的课堂，是鲜活的课堂，是活泼的课堂，也是充满生命灵动的课堂。

第四，好学校有好生态。北小红山分校的"物候童趣"项目是学校的特色文化。学校建构了物态文化、精神文化和课程文化。物态文化建设包括"物候童趣"种植园、二维码资源库、生态体验馆、物候观测站；精神文化建设追求天人合一、和谐共生；课程文化建设包括国家课程校本化、特色校本课程、课程评价机制。"物候童趣"项目创建了绿色的自然生态、美好的教育生态。北小红山分校的和美生态实践，也取得了丰硕的成果，获得了"南京市文明单位""江苏省优秀家长学校""全国生态环境教育百强学校"等诸多荣誉。

好学校就是充满着魅力，好学校的教室也是可以不一样的。我祝愿北小红山分校的绿色生态文化建设得越来越美好。

南京市北京东路小学校长，享受国务院特殊津贴专家　孙双金
2021 年 9 月

序二

孩子接触自然有什么好处？

全球新型冠状病毒肺炎（以下简称"新冠肺炎"）疫情频发、自然灾害不断、许多物种濒临灭绝……这些反常的现象，不断提醒地球公民环境教育的重要性。

环境教育已经成为全球共识，是世界公民必备的通识。通过环境教育，我们希望帮助孩子们树立正确的自然价值观，爱护环境和尊重各类生物，与自然和谐相处。

> 当代很多美国孩童都得了"大自然缺失症"，其症状包含过胖、多动、注意力不集中、没耐心、缺乏创造力与想象力、不懂得与人分享，即使去了户外，还是戴着耳机听随身听或拿着手机玩电玩……
> ——美国作家理查·洛夫《失去山林的孩子》（2005）

人类与自然本是共生的美好关系，随着工业化、城市化的发展及电子产品的盛行，人与自然共生的关系失衡，人类在破坏自然环境的同时，也不断遭受着自然的反噬。

理查·洛夫认为，解决这些问题的唯一办法是"绿色治疗力"。他积极从家长、教育者、政府单位、社会组织等方面入手，提出了让孩子们与大自然重修旧好的实用方法，引起了社会的强烈反响。自2006年起，美国兴起了一场将孩子们重新带回大自然怀抱的运动。

南京市各个小学也在《中华人民共和国环境教育法》与教育部提出的户外教育政策的推动下，将户外教学活动、亲子自然共学活动开展起来。

南京市凤凰花园城小学的"环境生态教育"在国内做出了很好的示范，从环境教育开始，注重人与自然、人与环境、人与人之间的生态教育探索。校园的空中农场，能让孩子们在趣味中了解丰富多彩的自然世界。

南京市公益组织"爱心之旅"开展的绿色公益活动，由志愿者带领学生和家长到野外识花草、赏野鸟、护生态。南京市乐学小记者团10多年来积极鼓励学生、家长一同体验自然。南京市户外环境教育活动虽比以往兴盛，却仍然面临一些挑战，如学生上学的安全问题、课程排不出时间、学生课业重、家长不重视户外活动、偏乡或中低收入户无法承担孩子户外学习的费用等。这些都使学生失去了接触自然的机会。

北小红山分校开发的新绿芽课程，不仅发挥了校园的美感价值，还延伸了校园周边的公共资源。除了让学生观察自然之外，校园周边的公共资源还为学生提供了绝佳的环境与生命教育的场所。学校从构建自然教育生态到打造与环境共存的教育生态，培养学生探索自然的能力，让学生了解自然之中除了人之外还有其他生物，内化学生对生命的感知力。

地球是花鸟鱼虫、珍禽猛兽和人类共同的家园，彼此之间是惺惺相惜的共生关系。我们希望孩子们能从社区、校园开始，学会欣赏、尊重和爱护自然，加强对环境问题的重视。我们借助《教室也可以不一样——南京市北京东路小学红山分校新绿芽课程》一书，重申孩子们接触大自然的优点与价值，让接触大自然成为陪伴孩子们成长的生命体验与珍贵礼物。

1. 礼物一：接触大自然可以有效促进身体健康

大自然里充满希望的绿，森林的芬多精、大地的地气，可以保护孩子们的视力，促进孩子们的呼吸道健康，加快孩子们体内能量的流动。在大自然中散步、奔跑、玩水、骑车、登山都需要体力，孩子们能在活动的过程中增进体能，培养耐力，增强手和脚的协调能力，锻炼好身体。

2. 礼物二："静"的力量——情绪与心理的疗愈

漫步森林、徜徉草原时，人的内心感到特别平静，这正是因为大自然具有疗愈的能量，能有效舒缓紧张的心理，安抚情绪，让人在"静"中找到力量。

自然疗法或森林疗法就是善用大自然的环境、素材，以及大自然包容、接纳等特性，来陪伴人走出心理困境，提升挫折复原力，促进心理健康。好动或专注力不足的孩子，在大自然的活动里，可以促进多巴胺的分泌，使身心得到平衡，从而提升专注力与创造力。

3. 礼物三：自然探索智能启赋多元智能

哈佛大学心理学教授霍华德·加德纳在多元智能理论中指出，自然探索智能能帮助儿童：辨别自然界中的事物，喜欢户外活动，考察自然现象；对动植物感兴趣且有能力照料他们，能创造或保存自然物，能轻松记住自然物的特征与资料；表现出对环境保护和濒危物种的强烈关注；等等。

我们发现接触自然的活动，不仅可以培养孩子的多元智能，还可以让具有自然智能的孩子得以展现天赋。在接触自然的过程中，孩子有机会使用身体运动智能、自然探索智能，同时也可以结合语言智能、数理逻辑智能、空间智能、音乐智能、人际智能、内省智能，开展多元智能，这些都能在《教室也可以不一样——南京市北京东路小学红山分校新绿芽课程》一书中获得巧妙引导与培养。

4. 礼物四：引导孩子体会"在地感"

接触自然的活动强调的是亲身体验，从过程中建立与自然的依附关系，即"在地感"。如让孩子了解一粒米、一道菜都取之于自然，这是很多人付出的成果，得之不易。

"在地感"是对一个地方的情感连接，从欣赏、喜爱开始，进而发展成对文化的认同，以及产生保护地方的责任感。在长期接触自然的活动中，"在地感"的建立是环境保护的基石，也是一次性活动难以达成的。

接触自然的活动，能培养孩子尊重自然的态度与价值观。我们期待更多的孩子能享受到大自然给予的礼物。拥抱自然吧，让自然成为生活的一部分，让我们与孩子在大自然的怀抱中奔跑！

南京《乐学少年》融媒体中心总编辑　乔凌峰
2021年9月

序三

体验，遇见更美好的自己

城市规模的迅速扩张和智能数码设备的泛滥，导致当代青少年与大自然严重脱节，这种"大自然缺失症"正威胁着孩子们的健康。长期生活在封闭的室内和被技术产品淹没的童年是一段贫瘠的童年，会对孩子们的生理、思维和情感的成长造成许多负面影响。

科学研究表明，体验自然对人的健康成长至关重要，对儿童的影响尤为深刻。经常接触自然有助于缓解孩子们的压力、弥补注意力的缺陷，还可以减少霸凌行为、对抗肥胖症和提高学业成绩。最重要的是对未来社会产生深远的影响，不仅是对未来一代身心健康的影响，也是对整个地球的生态环境产生巨大的影响。

拉近生活与自然的距离，重新建立孩子们与自然的联结，让孩子们在真实的世界里学习，成为教育面临的重大挑战。这一变革的主题得到教育学理论的支持。霍华德·加德纳著名的多元智能理论，在起初提出的七个智能即语言智能、数理逻辑智能、空间智能、身体运动智能、音乐智能、人际智能和内省智能之外，还补充了第八个智能，即自然探索智能。这是指具有强烈的好奇心和求知欲及敏锐的观察能力，善于观察自然界中的各种事物，了解各种事物的细微差别，具有对物体进行辨析和分类的能力。恢复儿童与自然的内在联系，更具有根本性。

目前，有关自然教育、环境保护、儿童发展与教育、自然疗愈、户外游戏、生态学、自然文学、自然美学等领域的书籍和活动并不少见。然而，能够融合这些领域，把自然的神奇通过校内活动的方式呈现出来；能够洞察儿童心智与自然奥妙之间的联结，将儿童发展与自然体验课程结合起来，将儿童成长与成人疗愈融会贯通，并展示如何增强创造力、认知力、学习力、记忆力的教育课程，在今天尤为珍贵。

　　《教室也可以不一样——南京市北京东路小学红山分校新绿芽课程》让我看到了如何唤醒孩子们的心灵，用温和的方式带领他们沉浸于此。这本书通过有吸引力的自然教育活动，利用科学、有效的方法，让孩子们在自然活动中体验学习的快乐，建立与自然的联结，尊重生命，建立生态世界观，遵循自然规律，以期实现人与自然的和谐相处，促进孩子们身心的健康发展。

　　自然之家创始人、ICF 国际营地协会认证 ICDC 国际营地主任、日本 JEEL 自然体验教育研究所中国区唯一认证讲师、香港研学旅行教育协会理事　胡雪林

2021 年 10 月

前言

　　北小红山分校创办于1958年,是一所洋溢着现代化气息的江苏省实验小学。该校确立了"和美生态,优质红小"的办学目标,积极创造适合学生学习、生活的生态校园。2014年,北小红山分校的"物候童趣"特色文化项目成功申报江苏省省级特色项目,获2015年度江苏省教育厅优秀项目。此后,北小红山分校经过一轮轮的教改,一次次的课堂实践,形成了以"物候童趣"为特色的和美生态特色文化,学校的特色文化初具模型,也成功立项了江苏省、南京市"十二五""十三五"规划课题。北小红山分校教师把自然环保的理念深入课堂,用和美生态的理念规范学校的每一位学生的言行,学校也取得了丰硕的成果,先后获得南京市文明单位、江苏省优秀家长学校、全国未成年人生态道德教育示范学校、国际生态学校等荣誉称号。

　　北小红山分校的特色文化建设先后经历了1.0版"开展'物候童趣'特色项目"、2.0版"形成和美生态特色文化"和3.0版"特色文化课程的整体建构",使得学校的特色项目和整体文化得以互相促进、互相完善,形成良性循环,并通过系统的、结构化的课程建设,促进校园文化的不断发展。

　　新绿芽生长需要阳光、雨露、空气,才能让其顺性生长。北小红山分校"一路十园"的校园环境设计、智慧校园文化的布置、省级特色文化项目的建设,在追求自然发展的同时,还注重教育文化和生态育人的校园氛围,形成了"自由呼吸,顺性生长,创建生态和谐发展的现代学校"的办学愿景。

　　新绿芽课程以促进学生"自由呼吸,顺性生长"为理念,着力培养"清新、向上、有灵气的现代红山学子"。教师学习霍华德·加德纳的多元智能理论，按学生的学习领域将学科进行重新划分：从语言智能领域、数理逻辑智能领域、身体运动智能领域、自然探索智能领域、音乐智能领域、空间智能领域六大方面，以多维度的、全面的、发展的眼光来进行学科拓展。

一所学校的特色文化要从真正意义上成为全校师生的共识，一定要把特色融进每一堂课，让校本特色文化在课堂生根，和国家基础课程紧密地结合在一起，同时让国家基础课程推进校本特色文化发展，实现双向建构，共融共生。因此，北小红山分校提出了"深呼吸课堂"的理念。

"深呼吸课堂"的本质特征是通过观察进行比较，从而形成正确认知，在发展学生思维的同时，注重培养学生的语言表达能力，让学生具备更加敏锐的双眼和更加开放的头脑，快乐学习、开放学习、探究学习。

教师尝试把"物候童趣"特色文化建设与课堂教学相结合，让教室变得不一样，同时也提升了教师的专业化水平，加速了教师专业化发展。

北小红山分校以培养"清新、向上、有灵气的现代红山学子"为育人目标，多年来在生态育德方面取得的成果基础上，不忘初心，努力创新，不断探索，形成了一系列校本文化特色课程。目前，学校开设的校本文化特色课程从"物候童趣"特色项目出发，各种充满童趣的课程精彩纷呈。同时，学校也希冀红山的莘莘学子都能在这里，闻到童年的味道。

2018年，北小红山分校申报了江苏省教育科学"十三五"规划课题"基于'深呼吸课堂'的小学数学青年教师专业成长研究"，开始对"深呼吸课堂"进行系统化的教学实践研究。如今，学校的校本研究已经走过了5年历程，从一开始的一个特色项目"唱独角戏"到现在的"全面开花"，各门学科的教师都开始研发自己的特色教学。当然，学校在探索的路上，也遇到不少的困难，所幸探索的脚步从未停止，并且团队越来越强大，步伐也越来越坚定。

最后，引用叶澜教授的一段话，与君共勉。"当学生精神不振时，你能否使他们振作？当学生过度兴奋时，你能否使他们归于平静？当学生茫无头绪时，你能否给予启迪？当学生没有信心时，你能否唤起他们的力量？你能否从学生的眼睛里读出愿望？你能否听出学生回答中的创造？你能否觉察出学生细微的进步和变化？你能否让学生自己明白错误？你能否用不同的语言方式让学生感受关注？你能否使学生觉得你的精神脉搏与他们一起欢跳？你能否让学生的争论擦出思维的火花？你能否使学生在课堂上学会合作，感受和谐的欢愉、发现的惊喜……"这就是我们特色文化课程所追寻的远方。

编　者

2021 年 10 月

目 录

第一章　播种：新绿芽课程的学校追求　/001
　　一、情智教育的浸润　/001
　　二、秉承"物候童趣"项目文化的火种　/002
　　三、回归教育的原点　/004

第二章　孕育：新绿芽课程文化建构　/007
　　一、课程哲学的孕育　/007
　　二、育人目标赋能　/009
　　三、课程框架的搭建　/011
　　四、学校课程实施的孕育　/013
　　五、学校课程评价的孕育　/021

第三章　润泽："深呼吸课堂"的发现与根植　/024
　　一、重新认识课堂　/024
　　二、案例精选　/038

第四章　探究：基于学科融合的项目学习　/092
　　一、学科融合的理论分析　/092
　　二、项目案例分析　/097

第五章　同行：和儿童一起学习　/146

　　一、从儿童的视角出发　/146

　　二、给自己一桶水　/165

　　三、精彩瞬间　/169

后记　"十四五"展望：用六年为儿童一生赋能　/174

播种：
新绿芽课程的学校追求

一 情智教育的浸润

南京市北京东路小学（以下简称"北小"）有70多年的历史，从2003年起，全国著名特级教师孙双金成为北小的"掌门人"，在他的引领下，学校提出"情智教育"的办学主张，并通过"娃娃课程"的建构，让学生在实践和创造中尽展活力与精彩。孙双金提出自成一派的"情智教育"模式，在他看来，一堂好课的标准就是要让学生"小脸通红，小眼发光，小手直举，小嘴常开"的"四小"表现。孙双金说："'小脸通红'，说明他的情绪被激发了，情绪被调动了，他对这个课感兴趣了；'小眼发光'，说明他智慧的火花被点燃了，智慧的大门被开启了；'小手直举，小嘴常开'，说明他充分表达了自己的所思、所学、所疑、所惑。"在北小的课堂上，学生成了绝对主角，教师则充当一位引路人。师生之间，以情唤情，以智启智。除了情智课堂以外，北小还率全国之先，开展了以"娃娃科学院"为核心，由"娃娃参议院""娃娃国学院""娃娃合唱团""娃娃体验吧""娃娃电视台""娃娃心语屋"等课程构成的"娃娃校本课程"系列活动，让每个学生在丰富多彩的艺术活动中至少培养出一项艺术特长或爱好，让每个学生拥有个性发展的空间。2007年，孙双金大胆重构小学语文课程体系，提出"12岁以前的语文"的教育主张，要在重要的人生成长季，用传统经典为学生补充"细粮"，让学生练就扎实的语言和文化"童子功"。在孙双金看来，每个学生都是一颗神奇的种子，只要找到合适的方法，给予种子足够的关注和营养，种子就能长成一棵参天大树。

2014年，在南京市玄武区教育资源的整合中，北小改名为北小红山分校。在集团总校"情智教育"理念的引领下，学校立足本校的文化土壤、文化传统，整合校内外的各种资源，提出了新绿芽课程。

对于新绿芽课程理念的提出，北小红山分校也有自己的思考。有研究表明，孩子在刚出生时是主动探索这个世界的，1岁的幼儿就已经具备主动探索和认知的能力。他们对这个世界非常好奇，充满探索的欲望。多与自然接触有利于儿童的身心健康，激发他们的创造力，提高他们的思维能力，并让他们学会关注环境。但是在目前的社会，随着大量电子设备、电动产品，如电视机、手机、计算机等源源不断地向城市中的儿童涌来，使得他们与自然逐步疏离。事实上，"去自然化"的生活，使儿童的"大自然缺失症"成为全球化时代下人类身上共有的现代病。而我们的儿童与自然的疏离，会让他们在生长发育的过程中出现一些不良后果。例如，不爱运动带来的过度肥胖，在课堂上的注意力分散，以及长期不与自然接触带来的过敏体质、抑郁情绪，等等。学校一直重视校园生态环境建设和绿色生态体系的建构，纵观当今种种儿童对自然情感的缺失现象，结合对学生所做的问卷调查分析，提出了开发校本课程的想法，并且积极开展了一系列的课程建构和实践探索。

二 秉承"物候童趣"项目文化的火种

在几代北小红山分校人的努力下，学校确立了"和美、生态、优质"的办学理念；以"静、净、进、竞"为核心，着力推进民主管理、教师价值、学生行为、教学质量、绿色生态"五大文化"行动，努力建设绿色校园、人文校园、科技校园、和谐校园。

北小红山分校充分依托南京红山森林动物园（以下简称"红山

动物园")资源实施环境教育，开展动物认养、小课题研究等综合实践活动，并逐渐形成了学校动物研究的校本课程。校本课程先后四十余次得到江苏省内外媒体的宣传和报道，学校多次在全国和江苏省学术会议上介绍经验。

学校积极开展"新三学"教育科学研究活动和"有氧课堂"研究活动。校内现有科学认读、语文课内课外活动、数学创造性使用教材、民间体育活动、英语网络研究、物候观察、科技制作七个较为成熟的教师研究团队，他们的研究成果多次在江苏省、南京市、玄武区的各项活动中得到展示。

学校以生态文明建设为指导，连续十多年开展生态道德教育的课题研究。十八年来，学校开展的生态道德教育课题研究，已成为其发展的一张名片。"秉承、发展、创新"是学校"十二五"和"十三五"期间思考的主题。此外，学校还开展了去红山动物园集体认养珍稀动物活动，开展了有关动物的校本课程研究，等等。那么，如何让特色创造出品牌呢？结合"江苏省小学特色文化建设项目"的申报工作，在专家指导下，学校通过了"'物候童趣'的学校特色文化建构实施"省级项目，并获评江苏省教育厅优秀项目。

"物候童趣"是指由儿童去观测、探究、发现、描述北小红山分校校内动植物的生长、发育、活动的规律。儿童是项目的主体，他们在不断地观测、探究、描述中收获成果，熏陶情操，体验成长的乐趣。在此过程中，学校依托现有的生态环境，为学生提供专业的教师指导和现代化的观测器械。学生在实践过程中进行体验，在充满愉悦的体验中感受人与自然的和谐，从而提升综合素养。

该项目追求的目标如下：积极培养学生的生态道德意识，养成环保的习惯，落实到身边的每一件小事；拓展教师学科教学的认识，提高教师的教学水平，提升教师的教学素养；创新学校教育主题，打造学校发展特色，形成省、市级环境教育名片。

学校结合该项目，正全力规划新绿芽课程，以"自由呼吸，顺性生长"为理念，着力打造"有氧课堂"，培养"清新、向上、有灵气的现代红山学子"。

"物候童趣"的学校特色文化建构的具体做法包括物态文化建设

提供观测实践资源，精神文化建设涵养意识指导研究，课程文化建设激活特色文化全面行动（图1-1）。

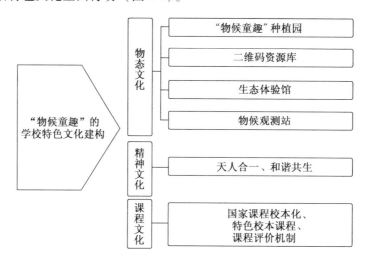

图1-1 "物候童趣"的学校特色文化建构

三 回归教育的原点

北小红山分校从"十五"起将学校道德教育的探索和生态品牌的建设进行了一次大整合，最初以动物研究文化为载体，连续11年和红山动物园共建；连续10年师生每人每月节约1元钱，集体认养红山动物园的动物；连续11年举办以生态、动物、环保为主题的科技夏令营活动；连续10年开展以学校校友——英雄保安薛爱萍命名的英雄中队的活动……这些活动的持续开展，是北小红山分校对学校生态文化特色内涵的探索与沉淀。基于和美传统道德思想的体验式生态育德建设正是学校15年来生态文化的传承与接力。

学校确立"和美、生态、优质"的办学理念，先后获得南京市百家优美校园、南京市园林式校园、南京市绿色学校、江苏省绿色学校、国际生态学校等荣誉称号。学校将办学理念打造成特色品牌不仅需要物质上的支持，还需要精神文化的滋养和特色文化的推进。基于和美传统道德思想的体验式生态育德建设，从理论的深化认识，到实践活动的展开、策略的支持、经验的总结和推广，都是对学校品牌特色的展现。

培养当代受教育者的生态智慧及其生态意识和生态能力，增强学生的生态道德教育意识，有着一定的生存实践价值。美国著名心理学家霍华德·加德纳在《智能的结构》一书中提出了多元智能理论，并在阐释智能时指出，"今天能够轻易接触未开发的蛮荒之地的人为数极少，儿童和青少年大部分的时间不是在室内，就是在柏油路上，少有机会接触大自然"。我国学者邱天助指出："人类若要避免经济上和生态上的祸害，就必须从内心最深处做改变，也就是从生命教育做起。"基于和美传统道德思想的体验式生态育德建设的核心理念是，希望学生明白生态平衡是生存、安全、发展的重要条件和内容，从而养成良好的生态道德观。

人类正在向生态文明时代迈进，这是一个崭新的历史进程。随着人类生态意识的觉醒，人类强烈呼唤建立一个以人为中心的，与自然环境和社会环境高度协调、和谐的生态系统，一种新的世界观——生态世界观正在逐步形成。当以这种思维方式和研究方法来审视和建构学校道德教育体系时，便赋予学校道德教育以生态性。基于和美传统道德思想的体验式生态育德建设，对学校道德教育进行生态性建构，牢固确立生态观，具有重要的理论意义和现实意义。

学校基于和美传统道德思想的体验式生态育德建设的主要内容如下：

第一，生态环境研究。学校已经成功创建了江苏省绿色学校和南京市园林式校园，在外显的物化环境建设的基础之上，探求环境育人的方式与方法，让每一位学生进入校园与班级时就能够感受到浓浓的生态气息、"和美"的校园文化，让学校的环境成为体验式生态育德的物化教材。

第二，活动体验课程研究。学校在总体核心理念的指导之下，通过调查、访谈等方式，评估学生的需求、当代社会生活的需要，以及相应的学科发展现状，运用教育哲学和教育心理学等方面的知识资源，拟定每个课程领域的一般性目标及具体目标。学校根据连续性、顺序性和整合性三个基本原则，分低、中、高段确立校本课程各领域的具体目标，并根据相应的目标，选择和组织相应的课程活动，按照科学的课程基本原理，组织和创编具体的课程体系；根据具体的课程目标，以及组织和创编具体的课程体系，编撰教科书和相应的课程资源。实施方案要注意搜集课程实施过程中教师、学生和家长的反馈意见，及时修订和调整课程与教材的体系。学校通过建立科学的课程评价指标体系，完成校本课程教学内容的系列开发。

学校致力于和美传统道德思想与现代体验式生态育德建设的传承与发展实践创新研究，探寻传统道德思想与现代教育方法之间的联系与传承，明晰现代与传统之间的发展与突破，从理论层面探寻中华传统思想对现代道德教育思想的影响与发展，其成效日益显著。

2016年，北小红山分校"十二五"省级规划课题"基于和美传统道德思想的体验式生态育德建设"顺利结题，并取得了一定的成果。在这项成果的基础上，学校继续深入研究，分别立项了"十三五"省、市级规划课题"基于'深呼吸课堂'的小学数学青年教师专业成长研究""拥抱自然：儿童发现课程建构研究"。

第二章 孕育：新绿芽课程文化建构

一 课程哲学的孕育

（一）办学愿景

北小红山分校的办学愿景是"自由呼吸，顺性生长，创建生态和谐发展的现代学校"。美国著名教育家杜威说过："教育即生长。"学校的教育哲学就透露出以下这样的教育智慧：

教育如画，如何让孩子们头顶上的天空更加多彩？唯有画者的心灵更加自由，智慧才能在画图深处蔓延开来。

教育如水，如何在这池水中培育出更多活泼可爱的小鱼苗？唯有加入更多的养分，才能让鱼儿们欢腾畅快，游向大海。

教育如阳，如何让刚出土的嫩芽们在阳光下更加茁壮成长？唯有让幼苗自由呼吸，尽情享受雨露润泽，才能让一草一木自由生长。

林语堂先生曾说："学校应如同一片森林，学生应犹如猴子一般在其间自由跳跃，任意摘吃各种营养丰富的坚果。"学校正是这样一片充满教育智慧的林子，不仅仅要追求和谐美好的绿色生态，还要追求教育文化的生态情愫。教育者应当尊重学生原有的模样，引导学生在原有的状态下发展得更好，让学生在恰当的年纪、合适的地方，遇见美好的学校，成就更好的自己。

（二）课程理念：在这里，闻到童年的味道

童年的时光既美好又短暂，却会影响人的一生。学校多年以来一

直秉承着生态育人的理念，在学生的六年小学生活中，我们希望给予学生一片自由发展的天地，在这里能够培养出学生乐观的天性和创新的品质，希望这六年多彩的校园生活能留下足够让他们回味一生的童年味道。学校将"在这里，闻到童年的味道"作为课程理念，在各级领导和专家的引领下，结合实际情况，初步规划了新绿芽课程，把学生放在教育的正中央，努力让每一堂课都更加贴近学生，使他们如嫩芽出土一般成长，而他们的身心是自由的、健康的、充满灵性的。

1. 新绿芽课程是生态育德的课程

学校的新绿芽课程体现了生态育德的要求，重视自然环境与人文环境的共融，不断培养新时代下的自然之子。绿芽既是充满生机的、不断成长的，也是需要呵护的。小学阶段的学生就像这绿芽，单纯稚嫩且对整个世界充满好奇，活泼好动却又急需师长的呵护与精心培育。学校不断打造更加和谐自然的生态园林式校园，就是希望学生能够像刚出土的绿芽，能够享受足够的阳光、雨露和新鲜的空气，能够在学校创建的优美环境中自由呼吸，闻到真正的、属于童年的香甜与美好。

学校绿化以群落式栽植为主，属于南京市较早的一批园林式校园。校园内"一路十园"景观文化、《校园植物志》二维码生成、传统节日家校互动……这些丰富的校园资源，为学校开展生态道德教育提供了育人环境，这也是学校实施新绿芽课程的重要保障。

2. 新绿芽课程是"自由呼吸，顺性生长"的课程

新绿芽想要长得茁壮，必须是不加束缚的、顺性生长的。正如同每一个孩子的成长，学校和家长都应该遵循其自身的发展规律，切不可拔苗助长。学校的新绿芽课程正体现了这一理念。新绿芽课程的开发重在鼓励不同类型的学生发展其爱好和特长，课程的选择与开发以"闻到童年的味道"为方向，培养学生的素养和情操，展示学生的才艺和个性，争取让每一个学生都能健康成长，让每一个学生都有机会成为北小红山分校的"森林之星"。

为了鼓励学生"自由呼吸，顺性生长"，学校重点打造"都市中的森林学校"，努力让学生能够像"猴子"一样在森林中没有束缚，快乐成长。童年是观察力、记忆力、想象力和注意力急速发展的黄金

时期，也是建立自己个性的重要人生阶段。只有在不束缚学生天性的环境中，学生才能成长得更好；只有在充分自由、平等的空间里，学生才能做到真正地自由呼吸，形成健康的人格。

3. 新绿芽课程是情智共生的课程

在集团总校"情智教育"理念的引领下，北小红山分校立足本校的文化土壤、文化传统，在创建新绿芽课程的过程中，通过整合校内校外的各种资源，对学生进行自然教育，让学生在自由行走中学习，在对动植物的观察中学习，探寻"自然之趣"，发现"自然之美"，培养"自然之情"，启发"自然之智"。

红山动物园是北小红山分校长期的共建单位，拥有品种多样的动植物。在儿童森林学校特色文化建设中，学校梳理出了"森林体验50事"——亲近自然50件事，具体可以分为体验类、冒险类、发现类、勇敢类、玩耍类，每一类包括10件事，目的是让学生更多地进行体验与实践，并从不同维度进行评价，让学生留下美好的童年回忆。

学校的课程建设鼓励师生追求自由、民主、文明，让每一个学生在教师的引导下懂得互相尊重、悦纳自我，让每一棵小苗在园丁的悉心浇灌下勇于舒展枝叶，开出自己的花，结出自己的果，闻到属于自己的芳香。

二 育人目标赋能

（一）育人目标

培养"清新、向上、有灵气的现代红山学子"是北小红山分校的育人目标。

党的十九大提出了"落实立德树人根本任务，发展素质教育，推进教育公平，培养德智体美全面发展的社会主义建设者和接班人"。教育部正式发布了《中国学生发展核心素养》研究成果，以培养"全面发展的人"为核心，分为文化基础、自主发展、社会参与三个方面，综合表现为人文底蕴、科学精神、学会学习、健康生活、责任担当、实践创新六大素养。

作为江苏省会城市南京的主城区学校，为贯彻落实《中国学生发展核心素养》中的要求，北小红山分校在新绿芽课程规划中，提出了培养"清新、向上、有灵气的现代红山学子"的育人目标。这里"清新、向上、有灵气"是指现代红山学子应该具备的形象气质、意志品质、智慧发展水平的综合性表达。"清新、向上、有灵气"的学生是"亲自然、爱运动"的学生，也是"勤学习、会探究"的学生，是"尚礼仪、善交往"的学生，也是"广视野、有胸怀"的学生。

（二）课程目标

根据北小红山分校提出的培养"清新、向上、有灵气的现代红山学子"的育人目标，将新绿芽课程育人目标进行细化，形成低、中、高年段的课程目标（表2-1）。

表 2-1 北小红山分校低、中、高年段的课程目标

一级指标	二级指标	年段		
		低年段	中年段	高年段
"清新、向上、有灵气"	"亲自然、爱运动"	亲近大自然，喜欢和大自然中的动植物交朋友；积极参与体育活动，初步掌握简单的技术动作，感受运动给自己的生活带来的乐趣；珍爱生命，初步学习安全防护知识。	认识自己与周围生活环境的关系，亲近自然，了解自然，学习物候知识，具有环保意识，养成坚持锻炼的习惯，形成健康的生活方式和乐观开朗的生活态度，具备基本的安全自护技能。	懂得人与自然和谐发展的生态关系，培育绿色生活方式，具有可持续发展理念；能积极参加各项体育运动，通过国家学生体质健康标准测试，掌握2~3项体育运动技能，并使其成为自己的特长项目。
	"勤学习、会探究"	激发学习的兴趣，掌握低年段文化课程标准规定的要求，培养良好的学习习惯，尝试体验探究的过程。	产成浓厚的学习兴趣，掌握中年段文化课程标准规定的要求，学会合作探究的基本方法，初步掌握将所学的知识与技能运用于生活的能力。	保持积极主动的学习兴趣，掌握高年段文化课程标准规定的要求，具有大胆创新和主动探究的意识，对问题有自己独特的见解和看法；具有网络信息安全意识。

续表

一级指标	二级指标	年段		
		低年段	中年段	高年段
"清新、向上、有灵气"	"尚礼仪、善交往"	讲文明、懂礼貌，养成良好的生活和行为习惯，懂得基本的道德规范和文明礼仪；具有动手操作能力，掌握一定的劳动技能。	诚信友善，宽和待人；能明辨是非，具有规则意识与法治观念；具有积极的劳动态度和良好的劳动习惯。	孝亲敬长，有感恩之心；具有规则意识与法制观念，有积极向上的人生态度和良好的心理素质；主动参加家务劳动、公益活动和社会实践。
	"广视野、有胸怀"	热爱祖国，热爱人民，热爱中国共产党；积极参加课外活动，培养一定的兴趣爱好。	积极参加各项社团活动，发挥自己的特长；传承中华优秀传统文化，理解、接受并自觉践行社会主义核心价值观。	爱好广泛，有一定的特长，学会充分展示自我；了解党史国情，珍视国家荣誉；初步具有全球意识和开放的心态。

三 课程框架的搭建

新绿芽课程以"自由呼吸，顺性生长"为理念，着力培养"清新、向上、有灵气的现代红山学子"。图2-1中，那株充满生机的绿芽的叶柄象征着国家基础课程，右叶片象征着学科拓展课程，左叶片象征着体验活动课程，三位一体，形成新绿芽课程总体框架。

按照霍华德·加德纳的多元智能理论，按学生的学习领域将学科进行划分，从语言智能领域、数理逻辑智能领域、身体运动智能领域、自然探索智能领域、音乐智能领域、空间智能领域六大方面，以多维度的、全面的、发展的眼光来进行学科拓展。（图2-2）

图 2-1　新绿芽课程总体框架图

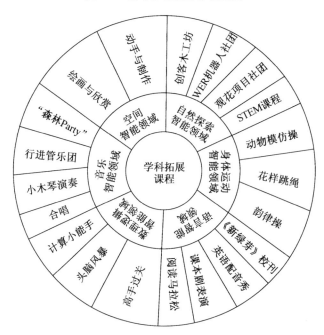

图 2-2　学科拓展课程示意图

学校整合校内校外的各种资源，积极建设丰富多样的体验活动课程（图 2-3），在潜移默化的过程中提升学生亲自然力和社会参与度，实现生态育德的要求。

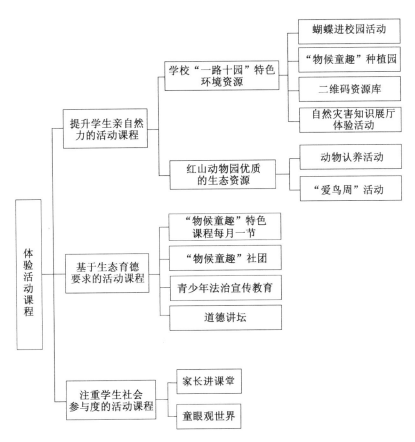

图 2-3 学校体验活动课程示意图

四 学校课程实施的孕育

（一）国家基础课程：深化推进"深呼吸课堂"

所谓"深呼吸"，就是胸腹式呼吸联合进行，它可以有助于人体排出肺部的残气及其他代谢产物，吸入更多的新鲜空气，以供给各脏器所需的养分，提高或改善脏器功能。

从心理学角度来看，恰当的自我放松方法是深呼吸，它能让人在一定程度上进行注意力的转移，从而在面对压抑的环境时进行自我调节，增强自我意识。人通过深呼吸让自己保持镇静，调节自己的情绪，缓解焦虑带来的压力。

就学生来说，大多数时间是在课堂上进行学习的。因此，为了能让学生在课堂上"自由呼吸，顺性生长"，教师要结合学科特点精心设计活动改革教学模式，在课堂上让学生带着问题去学习，给学生提供学习的空间，让学生能够以积极的心态，满怀热情去探索。

基础课程是传授给学生可再生的基本知识和可持续发展的基本技能的课程。从学科教学来说，培养学生的观察、想象和表达能力，可以让学生像呼吸新鲜空气一样，在不同的学科中自由学习和成长。围绕"深呼吸课堂"，学校提出了以下四点主张。

1. "深呼吸课堂"是让学生都有成长空间的课堂

学生的发展自始至终都是以学生为主体的自我调节活动。在"深呼吸课堂"上，学生是学习的主人，而不是被动的接受者。值得一提的是，课堂不是让某一位或某一些学生站在正中央，而是为不同层次的学生提供思维场，让每一位学生都有成长空间，并体会到学习的快乐。

2. "深呼吸课堂"是多元思辨、欣赏悦纳的课堂

在"深呼吸课堂"上，学生可以自由地表达、互动。学校鼓励学生开发创新性思维，让学生在不同的观点之间进行思维的碰撞，引导学生欣赏和悦纳自己与他人。

3. "深呼吸课堂"是情与智相互交融的课堂

学校的"深呼吸课堂"与集团总校的"情智课堂"一脉相承，含爱生情怀，有教育智慧。"深呼吸课堂"是触动学生心灵深处的课堂，教师要让课堂充满生命活力，充盈情趣、情味、情感，体现情智教育理念。

4. "深呼吸课堂"是理解学生、支持学习、提升学力的课堂

课堂教学的核心是学习活动。教师不仅要研究教材，还要研究学生；不仅要关注学生的知识增长，还要关注学生的能力发展；不仅要考虑便于教的策略，还要考虑为支持不同学生学的历程而教的策略；不仅要聚焦一节课的教学内容，还要整体研究学科课程的核心概念、知识体系和育人价值。

（二）学科拓展课程：注重多元智能领域的延伸

根据霍华德·加德纳的多元智能理论，每一位学生都是一个潜在的天才儿童。学校改变了以往的学生观，重新定位教学观，以多维度的、全面的、发展的眼光来进行学科整合和拓展，按照学生的学习领域进行划分，学科拓展课程具体领域如表 2-2 所示。

表 2-2　学科拓展课程具体领域

学习领域	内容
数理逻辑智能领域	结合现有教材，从发展学生智力出发，数学组教师创造性地使用教材，从不同类型的例题改编，到自主设计例题，提升数学"深呼吸课堂"教学的魅力；通过高手过关的练习、头脑风暴的训练、计算小能手的评比，进一步激发学生学习的兴趣。
语言智能领域	语文、英语的课内课外结合教学是"深呼吸课堂"的一大特色。大语文的教学观让学校对语文教学有了更深入的思考与认识，语文组教师列出《北小红山分校必读（选读）书单》，带领学生进行广泛的课外阅读，以提升学生素养。 英语组教师着重在英语短句、英语歌曲、英语小报等方面寻找学生感兴趣的英语素材，形成学校特色英语校本课程。 此外，英语组教师还搜集学生的优秀作文，汇编《新绿芽》校刊；学生通过课本剧表演、英语配音秀、阅读马拉松活动，展示自我、张扬个性。
身体运动智能领域	学校对动物的研究已有 10 多年，结合传统体育项目进课堂活动，体育组教师在已有模仿动物操的基础上，加之对现代体操韵律进行改编，从而拓展到武术操等体育项目上。学校还将花样跳绳作为特色活动大力推广。
自然探索智能领域	（1）创客木工坊：为培养学生的动手能力，引导学生了解古老的传统工艺，学校计划开展鲁班工坊特色课程。在教学过程中，以创新制作为主线，前期主要是引导学生认识木工工具，学习木工技巧，了解安全注意事项；中期是以教师指导为辅，以学生动手制作为主，让学生了解木工的基本流程；后期是以学生独立创造为主。 （2）WER 机器人社团：依托学校现有的传统三模社团，挖掘学生深层动脑、动手创新能力。学校现有的 WER 机器人套件模型，未来将以机器人社团课程为载体，旨在通过现代物联网设备让学生亲自进行电脑编程，并熟悉机器人的操作方式。

续表

自然探索 智能领域	（3）观花项目社团：该社团以学生种植花卉为主，其中穿插一系列活动（如种植、养护、观察、记录、写作、绘画、交流等活动）。学生以小组为单位，圈一块田地，通过自主收集资料，选取适合秋季种植的花卉，自主选择花卉进行种植。学校提供种植经费，师生、家校合作完成种植。种植完成后，学生小组对花卉进行管理、养护。 （4）STEM课程：STEM是科学（Science）、技术（Technology）、工程（Engineering）、数学（Mathematics）四门学科英文首字母的缩写。生活中发生的大多数问题需要运用多种学科的知识来共同解决。科学教师团队已经开发了一系列的STEM课程案例，北小红山分校与其他兄弟学校也编写了一些课程案例，以目前已有STEM课程案例为课程模板，带领学生进行STEM教学；同时，积极开发新的STEM课程案例，培养学生的创新、创造、动手、合作能力。
音乐智能 领域	（1）合唱：结合音乐知识的学习，进行声音的训练，注重作品的完整展示，体现生生之间的配合。 （2）小木琴演奏：在课堂学习和练习打击乐器的基础上，灵活地参与到表演当中，更好地表演音乐、展现个性。 （3）行进管乐团：让更多学生领略管乐艺术的魅力。 （4）"森林Party"：强化全体学生的参与性，积极引导学生参与音乐实践活动，从而让学生积累经验、增长能力、提高素养。
空间智能 领域	（1）绘画与欣赏：结合特色动物课程，学校计划每年动物节时开展主题绘画比赛，充分发挥学生的主观能动性，初步筛选作品并将其在全校范围内展出，由全校师生评选出优秀作品。 （2）动手与制作：积极培养学生的动手能力，美术的作用不再局限于单纯的绘画与欣赏，还有学生自己的动手制作。学生先从简单的剪纸着手，到困难一些的立体造型，再到高年级的场景制作；然后以小组合作的形式，提升学生的创造能力和协作能力。

（三）体验活动课程：结合校内校外多种资源

1. 植根物态文化沃土，开发提升学生亲自然力的活动课程

北小红山分校一贯注重课程资源的研发工作，作为园林式校园，拥有极为丰富的特色环境资源，并依托红山动物园基地，让学生走出校园，亲近大自然。结合森林学校文化中的"物候童趣"项目，组

织每月一节特色课程和社团活动，以体现生态育德的要求。此外，依托丰富的家长资源，学校积极构建形式多样的家长进课堂活动，极大地丰富了学生的学习体验。

（1）依托学校"一路十园"特色环境资源

① 蝴蝶进校园活动。

在南京市雨花台区百蝶缘生态发展中心王少明理事等专家的指导下，学校开展蝴蝶进校园的实践与研究，由学校四、五年级的学生组成的研究小组在校内的科技基地栽上适合蝴蝶生存的植物，并饲养蝴蝶、制作蝴蝶标本。

② "物候童趣"种植园。

针对学生普遍患有"大自然缺失症"的现象，开辟"物候童趣"种植园。学生在菜农的指导下，开展翻土、整理、播种、浇水、管护等工作，在劳动中体验快乐。

③ 二维码资源库。

学校大队部从"校园春早摄影"比赛获奖作品中选出校内常见的47种植物，由教师带领学生查阅资料、认识植物，并制作二维码，给校内植物挂上了中英文标识的"身份证"，方便学生体验观察活动的乐趣。

④ 自然灾害知识展厅体验活动。

学校四楼有学生感兴趣的自然灾害知识展厅。展厅一主要讲述台风、雷电、高温等自然现象的形成及其带来的灾害，重点宣传面对类似自然灾害采取的应急措施；展厅二主要讲述火山、海啸形成的原因及其巨大的破坏性，教导学生在海啸来临时如何逃生自救，以及冬天暴雪、冰雹天气怎样安全出行；展厅三主要讲述洪水、龙卷风、泥石流、地震等自然灾害方面的知识。学生通过模拟"触电"的游戏，了解自然灾害，并学会简单的自救技巧。

（2）依托红山动物园优质的生态资源

① 动物认养活动。

自2000年起，学校组织学生用自己平时节省下来的零花钱，集体认养红山动物园里的动物。每年学生认养的动物会作为本年度校运动会的吉祥物。集体认养之后，学生定期到红山动物园看望动物，并采访饲养员,了解动物的生长情况,从而体验到认养的乐趣,体会自我的价值和活动带来的成就感,进一步增强热爱自然的感情。

②"爱鸟周"活动。

每年3—4月,学校和红山动物园联合开展"爱鸟周"宣传教育活动。学校通过组织制作鸟儿书签、叠千纸鹤、制作鸟笼、收集爱鸟和护鸟标语、观鸟等活动,让学生参与其中,引导学生认识和了解鸟类的生活习性、外形特征、繁殖情况等,很好地培养学生的生态意识。

2. 从"物候童趣"项目出发,开展基于生态育德要求的活动课程

(1)"物候童趣"特色课程每月一节

学校充分挖掘森林学校的特色文化内涵,从"物候童趣"项目出发,每月开展一项大型活动。在各项活动中,教师让学生运用写一写、画一画、走一走、做一做、尝一尝等方式,增强学生的体验感,提升学生的学习效率。"物候童趣"项目的具体安排如图2-4所示。

图2-4 "物候童趣"项目的具体安排

(2)"物候童趣"社团

2016年,学校成立了校级社团和年级社团,社团要求学生人人参与,教师个个参加。校级社团为学生参加各类竞赛做好准备,年级社团侧重培养学生的兴趣。结合"物候童趣"项目的要求,学校将社团建设与学生培养相融合,形成了三类社团,即智慧类社团(在高年段体现了一定的学科性,侧重学生思维、表达的训练);健康类社团(侧重学生体育技能和技巧的训练);阳光类社团(侧重学生才艺的培养)。(表2-3)

表 2-3 学校组织成立的三类社团

类别	名称	主讲人	地点	助教	备注
智慧类社团	书法	曹雨	二（1）班		
	天道酬勤书法社团	曹雨	二（2）班	陈蕾	
	语文素养阅读文学社团	王晓雨（外聘）	二（3）班	王浩	
	国际跳棋社团	陈民娟（外聘）	科学（1）班	吴娟	家长课堂
	二十四节气体验社团	家长、班主任	科学（2）班		
	棋乐无穷（棋牌社团）	苗培果、杜仁斌	四（2）班		
	桥牌社团	外聘教练	一（1）班	郑倩	外教课程
	外教英语社团	外教老师	一（2）班	谢胜莉	家长课堂
	力翰科学社团	台湾老师、班主任	一（4）班	李金秋	家长课堂
健康类社团	空横社团	严漩	舞蹈室		
	啦啦操社团	仲召弟、马小琳	阳光剧场	马小琳	
	体育游戏社团	吴淑娟	大操场、篮球场		
	Mr.B 外教篮球社团	外教老师、彭辉		夏至	外教课程
	花样跳绳社团	外聘教练		张瑞莎	
	阳光足球社团	肖雨			
	麦克风 club 社团	张田砲、张松越	音乐室	张松越	
	声乐社团（小木琴）	朱莹、肖提音		张敏	（三、四年级学生）
阳光类社团	泥塑社团	严蕾、张园园	美术室		
	烘焙社团	家长、班主任	一（3）班	马艳婷	
	手舞传奇针织社团	吴小娟	四（1）班		
	"我行我绣"十字绣社团	许翎	二（4）班		

（3）青少年法治宣传教育

学校四楼还有一个青少年法治教育宣传展厅，作为江苏省未成年人法治教育基地，展厅内通过文字、照片、视频及知识问答等形式，栩栩如生地向学生讲述如何预防未成年人犯罪的知识，教育未成年人如何进行自我保护及寻求来自家庭、学校和社会的保护，使学生将来能够更好地融入社会，学会用法律武器保护自己，做一名知法、懂法、守法的小公民。

（4）道德讲坛

学校开设道德讲坛，以"八礼四仪"、社会主义核心价值观、中国梦为主要内容，以主题队会、晨会、国旗下讲话等为主要形式，系统地对学生进行思想道德教育。学校通过"我的中国梦""我是文明小公民"等多个主题的征文、绘画、手抄报的制作评比活动，潜移默化地提升学生的社会责任感。学校德育处结合"道德讲坛"中涌现出的学生身边的典型事迹和模范素材，评选出"礼仪之星"，展现"尚礼仪、善交往"的新时代红山学子形象。

3. 以家校合作为载体，开设注重学生社会参与度的活动课程

（1）家长进课堂

结合"物候童趣"项目要求，开展家长进课堂活动。家长各尽其才，各展其能。如家长是交警，可以讲解交通法规，增强学生的安全意识；家长是科研工作者，可以用实验引领学生看到神奇的世界；家长是厨师，可以通过一边展示美食一边介绍的方式，让学生知道怎样烹饪有营养的食物……

在学校"物候童趣"项目研究中，有一项内容是"二十四节气课程"的开设，让家长和学生一起感受传统的节气与生活的关系。如端午节各班组织5~6名家长和学生一起包粽子、吃粽子；冬至节，家长和学生一起在各班包饺子，体会老南京饺子的传统做法……

（2）童眼观世界

为培养具有"广视野、有胸怀"的学生，学校计划在"物候童趣"社团中开设童眼观世界主题活动课程，着力将学生的视野拓宽至全球。

充分挖掘家长资源，让有过出国经历的学生、家长分享自己在国

外的所见所闻；在家长的帮助下，学生通过视频欣赏、外国名著阅读交流、主题海报制作、主题绘画等形式，领略异域风光。此外，在家长、外教老师的指导下，学校挑选外国文学中的经典剧本，组织学生进行表演，使学生能够更加深入地了解西方文化，并感知中西方文化的差异。

五 学校课程评价的孕育

（一）对校本课程实施的评价

根据校本课程开发的效果、课程设置的内容、开设课程的年级等，学校校本课程开发领导小组将从学生选择的人数、学生实际接受的情况、学生完成课时计划的效果、家长和社区参与的情况、领导与教师听课后的评价、学生问卷调查的结果多个方面入手，综合考虑，形成对课程实施情况的最终评价。

（二）对教师的评价（表2-4）

表2-4 北小红山分校新绿芽课程教师综合评价表（待定）

教师姓名：_____ 任教班级：_____ 评价时间：___年___月

内容	评价指标	权重	分值	备注
课程开发	（1）课程目标科学、合理、明确，符合"有氧"课堂理念和学生实际。 （2）内容符合学生认知水平及其年龄特征，能够促进学生个性发展，突出学生实践能力的培养，彰显学校"有氧"课堂文化。 （3）能够充分地利用现代教育技术和手段，并随着知识的更新，课程内容、资源、方法、手段不断更新。	30		

续表

内容	评价指标	权重	分值	备注
课程实施	（1）初期能制订教学计划，安排好教学进度。 （2）能深入钻研教材，根据学生的实际情况，设计内容开放、容量适量、层次分明、有针对性的教学设计。 （3）能灵活运用多种教学方法进行教学，重难点处理有新意，效果较好。 （4）课堂语言流畅，表达规范，具有生动性、启发性和吸引力，师生互动良好。 （5）公平对待每一位学生，给学生适当的帮助和鼓励。	50		
成果评价	（1）能及时收集、整理学生学习的过程性资料，并对学生的作品及时予以评价和反馈。 （2）能及时对课程进行完善，并有相关研究论文、案例，学生有作品呈现。	20		
内容	评价指标	权重	分值	备注
总评得分		等级		
改进建议				

说明：90分以上为优秀，80~89分为良好，60~79分为合格，60分以下为不合格。

（三）对学生的评价（表2-5）

表2-5 北小红山分校新绿芽课程学生综合评价表（待定）

课程名称：_____ 评价人：_____ 评价时间：____年___月

评价项目	评价内容	评价方式		
		自我评价	小组评价	教师评价
我爱学	我能积极参加课程活动，探究兴趣较浓，遇到困难不退缩。			

续表

评价项目	评价内容	评价方式								
		自我评价			小组评价			教师评价		
		😄	☺	✊	😄	☺	✊	😄	☺	✊
我合作	我能与同伴合作，互相配合、交流，共享信息，共同探讨疑难问题。									
我创新	我能仔细观察、分析、思考，能提出新的问题、观点或见解。									
我展示	我能用语言、图画、视频、实物等形式对学习成果进行展示，举止大方、自然。									
我还需要改进的地方										

说明：😄 表示很棒，☺ 表示挺好，✊ 表示加油。

第三章 润泽："深呼吸课堂"的发现与根植

一 重新认识课堂

（一）溯源："深呼吸课堂"的概念提出

1. 传统课堂教学的不足及其原因

在南京市玄武区"新三学"课堂教学的理念引领下，北小红山分校身处一线的教师深耕课堂，在研究高效教学模式的同时，也在不断反思自己的课堂。经研究发现，在技术不断更新、科技飞速发展的今天，很多教师的教学理念仍然比较滞后。传统的教学方法在一定的时期发挥了它特有的作用，虽然不能说一无是处，但是已经不能满足今天学生的全面发展需要。总结起来，传统课堂教学的不足有以下几点。

（1）课堂教学模式单一

课堂形式仍然是以教师的讲授为中心，学生围绕着教师转，教师讲什么，学生就听什么，课堂少有互动。传统教学中比较常规的课堂往往遵循着这样的"五段教学法"，即组织教学、复习旧课、讲解新课、巩固新课、布置作业。传统教学模式一般是采用传统的教学手段、完成特定的教学内容的一种课堂教学形式。其特点是教师口授、板书，学生耳听、笔记，教师能根据学生及时反馈的信息，了解学生对所学知识的理解程度，并据此调整教学策略，以达到预期的教学目标。这样的课堂最大的弊端就是把学生看成一种接收知识的机器，不承认学生作为个体的主观能动性，不重视学生的自主学习和学前的知识积累，所以学生也常常因为教师的讲授千篇一律或者自己已经掌握相关的知识而感到课堂枯燥乏味。

（2）课后巩固反复练习，存在重复默写、大量刷题的现象

在传统教学的课堂上，学生的学习方式基本上是预习、听讲、练习、复习。学生在学习新知识之后就会开始大量的反复练习，以此达到熟练掌握的程度。适度的练习可以让学生巩固新知识，但是对于一些简单的、需要识记的知识进行重复默写和大量刷题训练就有悖学生的学习规律。这种被动接受、死记硬背、机械训练的学法，让学生成了书本的奴隶。长此以往，学生不仅缺乏思辨能力和创新精神，难以升华所学知识，个性也得不到张扬，甚至学了新知识却不知道在现实生活中灵活运用，只会解答反复训练的题型，一旦碰到灵活的题型，就一筹莫展，这是非常不可取的。

（3）探究活动流于形式，缺少独立的思考

传统课堂受到新一轮教学改革的冲击，也做出了相应的改变，但是仍存在着一些"穿新鞋走老路"的情况。有些课堂教学虽然设计了诸如小组探究、前置性学习这样的任务，但是小组探究没有深入探讨，缺乏组织引领，资料搜集缺少自己的独立思考，只是资料的罗列。这是无法促进学生的学习在课堂上真正发生的。而要改变目前学生被动学习的状态，让学生学会独立思考、深入研究问题，课堂教学改革势在必行。

（4）课堂教学缺乏高阶的问题设计

在传统课堂中，很多学生的学习处于低阶思维状态，他们主动思考的意识淡薄，缺少思维活动实践的土壤，且思维缺乏灵活性、系统性，这已经成为提升学生核心素养的阻力。众所周知，问题是思维的起点，思维是智力的核心。学生思维活动的开展，是从问题开始的，也是在解决问题的过程中得到发展的。因此，"以学生为中心、以思维为核心、以问题为主线"是引发学生积极思考，促进学生高阶思维发展的关键导学要素。课堂教学是必须具有开放性的、挑战性的，以及需要学生收集资料才能有结论的、进行深度思考才能回答问题的教学形式。

事实上，传统教学模式也有一定的优势，有利于教师主导作用的发挥，有利于教学的组织管理和教学过程的调控，且对教学环境的要求比较低。但它的缺陷也是明显的，比如作为认知主体的学生在整个教学过程中始终处于被动地接受知识的地位，学生学习的主动性被忽视，甚至被压制。这种模式担负不了培养高素质、创造性人才的重任。高效的课堂教学应当重视学生的已有知识，注重新旧知识的连接，关注学生的学习体验，能够让学生的思维得到真正的发展。因此，改变传统教学模式势在必行。于是，学校根据自己的教学特色和文化传承，站在学生的角度，提出了"深呼吸课堂"的教学理念，旨在引导教师追求一种教学状态，让学生在课堂上能够进入一种深入的学习状态。

2."深呼吸课堂"的本质特征

呼吸，本义是指生物体与外界进行气体交换。而深呼吸，就是胸腹式呼吸联合进行，可以排出肺部的残气及其他代谢产物，吸入更多的新鲜空气，以供给各脏器所需的氧分，提高或改善脏器功能。深呼吸能使人的胸部和腹部的相关肌肉、器官得到较大幅度的运动，能较多地吸入氧气，呼出二氧化碳，使血液循环得以加强，对于解除疲惫、放松情绪，都是大有裨益的。很多人在情绪紧张的时候，可以通过深呼吸来调节与缓和情绪，很多心理学家就利用这一点来达到帮助患者放松的目的。

那么，究竟什么是"深呼吸课堂"？"深呼吸课堂"是追求学生顺性生长，即通过追求师生、生生之间的交往互动，更新学生的原有认知，并在这种循环交替中逐步提升学生学习的思维能力的一种育人模式。学校在不断钻研的过程中，高度凝练了关于"深呼吸课堂"的四个本质特征，即交换、更新、平衡、循环。

（1）交换

深呼吸中一呼一吸是基本动作，只有呼出二氧化碳，吸入新鲜的氧气，才能让机体保持健康与活力。课堂中的交换是指学生在学习中新旧知识交替出现，也就是学生根据已有的知识经验继续学习。"深呼吸课堂"是注重新旧知识联系、连接过渡的课堂。学生在学习中并不是一张白纸，可以由教师任意书写或者"满堂灌"。真正的学习一定是建立在学生已有经验的基础之上的，而教师的教也要先了解学生已有的知识水平，通过新旧知识之间的连接，引导学生找到新知识的生长点，从而建构起新的知识体系。

（2）更新

进入深呼吸时，胸部和腹部共同呼吸，人体在这样的状态中，可以排出肺部的残气及其他代谢产物，吸入更多的新鲜空气，同时感到更加舒适。在课堂教学上，更新意味着教师创设教学情境，引导学生主动参与探究与学习的过程。捷克教育家夸美纽斯曾说："一切知识都是从感官开始的。在可能的范围内，一切事物应尽量地放在感官的跟前，一切看得见的东西应尽量地放在视官的跟前，一切听得见的东西应尽量地放到听官的跟前……假如有一个东西能够同时在几个感官上面留下印象，它便应当用几个感官去接触。"① 这句话印证了情境教学的重要性，也是我们要追寻的——让学生在课堂情境中既能找到新知识的生长点，又能激发学习的热情。"深呼吸课堂"就是注重营造学习情境，鼓励学生自主探究的课堂。

（3）平衡

深呼吸这一动作在吸入氧气达到饱和时，人体就会达到一个新的平衡。在"深呼吸课堂"中，学生会遇到各种通过已有认知不能解决的问题。在产生疑问的同时，学生就有了探究欲，就会出现已有知识和待解决问题之间的不平衡。"深呼吸课堂"要求学生通过深入学习、掌握新知、解决问题，达到一个新的平衡点，初步完成自身的知识建构。此外，"深呼吸课堂"还重在发掘学生的问题意识，让学生在主动探究的过程中发现问题。探究学习应该是学生自主参与、发现问题，并进行深入探究，而不是教师占主导地位。爱因斯坦曾经说过：提出一个问题远比解决一个问题更加重要。学生在学的过程中能够自己发现问题，并进行深入思考，这样的学能够培养学生独立思考和勇于探索的精神。"深呼吸课堂"强调的是，学生在学习过程中能够进入深度学习的状态，从而达到一个更高层次的知识平衡点。

---

① 王林，陈昌来. 教师话语系统研究［M］. 上海：学林出版社，2017：84.

(4) 循环

深呼吸的过程是循环往复的，一次次的吐故纳新完成吸呼吸过程，为身体提供源源不断的能量。"深呼吸课堂"就是激发学生运用知识进行融会贯通的课堂。知识是解决问题的工具之一，学生学习知识的最终目的就是解决现实生活中的种种难题。而牢固掌握知识的办法就是在实践中再次运用。"问渠那得清如许，为有源头活水来。"不让知识僵化、成为一潭死水的办法，就是不断地运用它。"深呼吸课堂"是基于学生的学习力，要求教师不仅仅要关注到每一个学生，还要注重培养学生在实际生活中解决问题的能力，让学习真正发生。

因此，学校构建的"深呼吸课堂"的本质特征是营造更加自然的学习情境，鼓励学生主动观察、深入思考，从而形成正确的认知。"深呼吸课堂"在教授学生知识的同时，还关注学生高阶思维的培养，让学生具备更加敏锐的双眼和更加开放的头脑，快乐学习、开放学习、探究学习。

3. 关于"深呼吸课堂"的理论溯源

(1) 国内外相似类型课堂概念的研究

从研究现状来看，国内外学者对"深呼吸课堂"的理念探讨并不多，从课堂模式的研究角度来分析，深度学习理念为校本课堂概念的研究指引了方向，有着重要的启示作用。美国是深度学习的发源地，不管在理论上还是在实践上都走在世界的前列。在现有深度学习的研究中，由美国威廉和弗洛拉·休利特基金会发起，美国研究院组织实施的深度学习实践项目（Study of Deeper Learning：Opportunities and Outcomes，SDL），无论在理论发展还是在实践创新方面，都具有里程碑式的意义。在SDL研究中，对深度学习做了这样的界定：深度学习是学生胜任21世纪工作和公民生活必须具备的能力，这些能力可以让学生灵活地掌握和理解学科知识及应用这些知识去解决课堂和未来工作中的问题，主要包括掌握核心学科知识、批判性思维和复杂问题解决、团队协作、有效沟通、学会学习、学习毅力六个维度的基本能力。可以看出，该定义主要是从学习结果的角度进行诠释的，具有一定的实践性和科学性。

国内学者何玲、黎加厚在研究中指出，深度学习是指在理解的基础上，学习者能够批判地学习新思想和事实，将它们融入原有的认知结构中，能够在众多思想间进行联系，并将已有的知识迁移到新的情境中，做出决策和解决问题的学习。[1] 景洪娜、陈琳、赵雪萍则认为，深度学习是强调批判性思维的学习方式，并从特征上对深度学习和浅层学习进行了对比。[2]

随着深度学习研究的发展，研究者从关注深度学习方式过渡到关注深度学习发生的过程。国外有学者认为，深度学习是通过让学生真正理解学习内容而促进长期记忆，从而使学生能够提取所学知识解决不同情境的新问题。[3] 美国国家研究委员会（National Research Council，NRC）认为，深度学习是个体将学习的知识从一种情境应用到另一种新的情境的过程，即迁移。[4] 柴少明、赵建华从学习科学的视角诠释了深度学习，他们认为深度学习需要连接真实世界的、有意义的、面向问题解决的学习任务，教师需要设计这样的学习环境以支持深度学习的发生。[5]

（2）学校关于"深呼吸课堂"的理论研究

从学生的学习结果来看，学校研究的"深呼吸课堂"旨在让学生掌握非结构化的深层知识，并且可以进行批判性的高阶思维、主动的知识建构、有效的迁移应用及真实问题的解决。从教师的教学目标来看，"深呼吸课堂"教学应该提升学生解决问题的能力，促进学生批判性思维、创造性思维、元认知能力等高阶能力的发展。

目前，学校"深呼吸课堂"理念率先在数学课堂教学活动中得到贯彻与研究，并且得到了广大师生的支持。在 2018 年江苏省课程基地展示活动中，学校多位教师把"深呼吸课堂"理念带入课堂教

---

[1] 何玲，黎加厚. 促进学生深度学习 [J]. 现代教学，2005（5）：29.

[2] 景红娜，陈琳，赵雪萍. 基于 Moodle 的深层学习研究 [J]. 远程教育杂志，2011（3）：27-29.

[3] Bransford J., Broun A., Cooking R. *How People Learn: Brain, Mind, Experience and School* [M]. Washington, D.C.: National Academy Press, 2000: 65.

[4] National Research Council. *Education for Life and Work: Developing Transferable Knowledge and Skills in the 21st Century* [M]. Washington, D.C.: National Academy Press, 2012: 12.

[5] 柴少明，赵建华. 面向知识经济时代学习科学的关键问题研究及对教育改革的影响 [J]. 远程教育杂志，2011（2）：3-10.

学中，并得到了参与活动的校长和教师的肯定与支持。此外，学校的研究团队对于"深呼吸课堂"建设也积累了一定的教学经验。这些都为学校深入研究课堂教学打下了良好的基础。

（二）思辨：众教师眼中的"深呼吸课堂"价值观

"深呼吸课堂"教学研究致力于从学生的兴趣出发，充分尊重学生已有的学习经验，改革课堂教学模式，利用现代化教学手段，重视学生的合作与交流，多维度地满足学生的学习需求，使知识更接近于学生的真实世界，让学生的学习经验与学科知识之间发生连接，让学生的学习变得有意义，由此产生更多有价值的学习成果。教师在课堂上不断探索"深呼吸课堂"的教学模式，并有着自己独到的见解和实践方式，这也促进了此种教学模式在各学科课堂上真正做到落地生根。

1. "深呼吸课堂"是学生顺性生长、师生教学相长的课堂

（1）自我觉察，同伴诊断促成长

在"深呼吸课堂"研究之初，学校就进行了教师理想与现实发展调查和教师专业发展状况调查，借助调查帮助教师自我觉察，以提升教师追求专业发展的动力，引领各学科教师对自身成长和课堂教学做出深入思考。

除了邀请专家指导之外，学校还会采用同伴诊断的方式进行课堂教学研究。每周，学校会有"深呼吸课堂"教学研究课。除了学科组教师听课之外，还有其他教师跨学科听课，所有听课教师会结合"深呼吸课堂"主题进行诊断式点评。每月，学校还有一次教学研究专题论坛。教师走上论坛，谈研究心得，谈学习所得，谈困惑和迷惘。教师在"实践—反思—再实践—再反思"这一过程中产生化学反应，最终得以成长。

此外，学校教学研究中心组成员还会选取不同学科的教师进行深度访谈与跟踪调查研究，将教师在课堂变革前、课堂变革中、课堂变革后的整个过程及其在这个过程中所发生的故事，以第一人称的视角讲述出来，从而呈现出教师专业发展的多种样态，总结经验与共性，寻找差异，并分析原因。

（2）不断实践，教学相长出品牌

教师在研究过程中，改变了以往的学生观，重新定位教学观，以多维度的、全面的、发展的眼光来进行学科整合和拓展，建立一个强化交往、注重思维提升的课堂模式。教师在教的方式上，改变压抑的、紧张的教与学的氛围，给予学生更多的理解、更多的包容、更多的思维碰撞、更多的心灵交流，给彼此提供更自由的时间与空间。

以数学复习课为例。从一年级起，学校就鼓励学生走上讲台，自己教、自己学，引导学生尝试将知识用思维导图呈现出来，并与教师设计的思维导图进行对比和分析，了解学生思维的认知起点。教师在理解学生的基础上，引导学生进一步完善对思维可视化的呈现方式。学生的发展自始至终都是以学生为主体的自我调节活动。在"深呼吸课堂"上，学生是学习的主人，而不是被动的接受者。值得一提的是，"深呼吸课堂"不是让某一位或某一些学生站在正中央，而是为不同层次的学生提供思维场域，让每一位学生都有所成长，并体会到学习的快乐。在课堂上，教师从学生的立场出发，关注学生的认知难点、认知盲点、动力触发点；学生则从听教师说转变为学教师说，转变为与同伴互学。以疫情"停课不停学"期间学生的表现为例。在学校的空中课堂上，教师除了要提供学习素材和在线教学外，还要以学生为主角，借助腾讯会议或小视频，让学生在线读经典、讲故事、解数学题、唱英语歌、演示科学实验……

在不断实践的过程中，学校总结出了"深呼吸课堂"教学关键词、基本环节和教学模式。

即使在疫情"停课不停学"期间，学校在研究上也没有止步，而是以年段组或学科组为单位，组织教师开展在线讨论与研修工作。各年段组开发了既适合特殊时期，又体现"深呼吸课堂"理念的项目化学习课程。复课后，各学科教师在教学论坛上交流在线教学的经验与收获，探讨下一阶段教学的改进方法。特别是在有效教学时间大幅度减少的情况下，教师不再局限于一节课的教学内容，而是以团队合作的形式整体研究学科内涵，对教学内容进行重整、组合，关注知识的增长与学生能力的发展。例如，复课后，语文教师采用单元整合、知识归类的方式进行教学。

这一系列教学研究的开展打开了教师对课堂认知的新境界，由二维课堂升华为三维课堂，直至多维课堂，使课堂的生命力更加鲜活。

2."深呼吸课堂"是充满爱的课堂

在"深呼吸课堂"中，学生可以自由地表达、互动，教师既可以鼓励学生进行创新性思维，鼓励学生提出不同的观点；又可以引导学生学会欣赏和悦纳自己与他人。在课堂上，学生经常采用的学习模式是小组合作、讨论学习、案例学习、角色扮演、项目研究、模拟决策、问题求解等。这些模式让学生在学的方式上，会有更多参与、更多体验，真正做到让学生用积极的思维，去深度思考，去获取知识。

在"深呼吸课堂"上，教师关注学生学习的情绪和心理，给学生更多的自由去呼吸新鲜空气，学生在开放的空间里能自在地学习，展现出自由的思维，充分表达自己的想法，将自己独特的理解、富有个性的思考呈现出来。教师也能看到学生努力后的进步，给予其一定的鼓励，以激发其更多的潜能。

在"深呼吸课堂"教学的研究过程中，学生通过自主参与学习活动，获得了亲自参与、探索研究、运用知识的体验和感悟；学生作为学习者，其主体意识、探究知识的欲望，以及收集和利用信息、分析和解决问题的能力明显增强；学生尊重他人、与人合作、互相关心、友好交往、认真探究、严谨求实、不怕吃苦、不断进取的良好品质得以逐步形成。这些对于学生今后的发展均有着十分重要的意义。

3."深呼吸课堂"是引领家长关注学生成长、共建和谐校园的课堂

（1）学校教师坚持家访

每年8月，一年级教师会走进每一位新生家里，了解学生的家庭情况和家长需求，同时介绍学校的教育理念与课程建设。教师冒着酷暑高温家访，拉近了家校之间的距离，获得了家长的认同，为后续教育工作奠定了良好的基础。其他各年级教师，也会在学期中对学生进行家访，平时借助多种方式与家长进行交流。学校还组织教师代表、党员义工利用周末时间，走进社区，开展咨询招生情况、学校特色、教育方法等现场活动。教师会走进幼儿园，为大班家长做幼小衔接讲座，讲家校合作，讲报名须知，宣传学校特色。疫情"停课不停学"

期间及复课以后，教师还借助腾讯会议等平台进行"云家访"，及时了解学生和家长的情况，做好沟通与提供帮助。

（2）"家长大讲堂"学习

学校有计划地组织"家长大讲堂"学习活动，采取文献学习、专家讲座、听课学习、经验交流等丰富多彩的形式，优化教学形式。开设的讲座有"做专业型父母成就孩子未来""爱孩子从懂孩子开始""青春期孩子心理辅导"等。学校通过引导家长学习先进的家庭教育理论，使其掌握科学的育儿方法。平时，教师也会特别注意传递正能量，引导家长相互鼓励、共同促进学生成长。针对疫情期间，因学生长期在家而出现亲子关系紧张、厌学懈怠等个别特殊情况，教师采取一对一单线沟通的方式，帮助学生树立信心，化解家长和学生之间的矛盾，帮助他们尽快调整状态。

（3）家长志愿者服务

当办学质量稳步上升时，学校要有信心和家长分享办学经验和成果，这样学校的社会认可度也会同步提升，才能营造更为广阔的发展空间。学校鼓励和引导家长参与校园活动，在活动中与孩子一起成长。如学校组织的"庆六一""成长礼""文明礼仪伴我行""爱心义卖""才艺大舞台"等活动，都有家长的鼎力支持。家长作为孩子的校外辅导员，积极带领孩子参加雏鹰假日小队活动，参加社区志愿服务活动，让孩子的假期活动更加丰富多彩。家长的积极参与，丰富了活动的内容，增进了父母与孩子之间的感情，沟通了学校教育与家庭教育，获得了家长的赞誉和社会的好评。学校成立了家长义工队伍，他们义务执勤、协助学校管理，为孩子营造出更安全、更有序的校园环境。学校还邀请家委会直接参与校内事务的商讨，充分的沟通与信息的透明可以将家校之间的误解降到最低。疫情过后，复课伊始，学校邀请身为医护人员的家长，走进校园讲述抗疫故事，宣传防疫知识。

（4）家长进课堂活动

在学校的家长进课堂活动中，家长各尽其才、各展其能。身为交警的家长，讲解交通法规，增强学生的安全意识；身为科研工作者的家长，用实验引领学生认识神奇的世界；身为餐饮厨师的家长，通过一边展示美食一边介绍的方式，让学生知道怎样烹饪食物更有营养……家长讲述着鲜活的故事，也丰富了"深呼吸课堂"的外延。

4."深呼吸课堂"是于认知起点处起航的课堂

学校的"深呼吸课堂"将教学阐释为一个学习体验循环的过程，即"交换—更新—平衡—循环"。在课堂上，学生通过与教师、同伴的相互作用体验学习的全过程，成为学习的主人。

究竟怎样才能在教学活动中最大限度地突出学生自主学习的主体地位，实现学生的自我生长呢？

在确立学习目标时，教师要关照新旧知识的连接，体现"交换"的作用。教师一定要深入研究学生，避免想当然的经验主义，只有准确把握学生原有的知识基础、认知水平，才能清晰地知道其学习的切入点在何处。

如何真正做到关注学情呢？在单元开始前，进行"前置性测验"就是一种非常简便易行、直观可测的方式。例如，在统编版《道德与法治》一年级上册《吃饭有讲究》一课的教学中，某位教师进行了课前调查，考查了一年级学生饭前洗手的情况。如此，教学等于找到了着力点，学生看到原来在饭前洗手这个问题上，还有这么多同龄人和自己一样都需要提醒，逐渐意识到饭前洗手的必要性。这样的习惯养成教育才是学生真正需要的。

5."深呼吸课堂"是以认识差异为切入口的课堂

在确立学习目标时，教师应当关注不同道德认知水平的学生在不同问题上存在不同看法，努力挖掘学生认知上的差异。这些认知上的差异正是学生道德学习走向深入的切入口，也是其深度学习、自主探究的着眼点。

例如，在统编版《道德与法治》五年级下册《不甘屈辱　奋勇抗争》一课上，有学生提出了这样的观点："因为林则徐虎门销烟的行为激怒了英国，所以鸦片战争爆发了。"此观点一经提出，立即遭到其他学生的反对，全班由此展开了激烈的辩论。在第二课时，教师将此问题纳入了学习目标中："通过两国实力的对比，能够辩证地理解虎门销烟只是鸦片战争爆发的导火索，清政府的腐败和资本主义的掠夺才是鸦片战争爆发的根本原因。"

在辩论的过程中，学生学会从不同维度看待问题、分析问题，懂得以史为鉴，逐渐增强对国家和民族应有的责任感。

6."深呼吸课堂"是关注环节之间目标进阶的课堂

从前置性导学到教学内容中的自学环节，再到合作探究学习，以及课后的延伸拓展，这是不同层次学习任务的有序组合，体现了"平衡和循环"。基础性问题和调查类开放性问题可以在前置性导学和自学环节中让学生自主完成，有探究价值的问题可以通过课堂上生生之间进行讨论，关键性问题和拓展性内容则需要教师的悉心引导。

例如，在统编版《道德与法治》六年级下册《多元文化 多样魅力》一课的自学环节中，学生进行世界部分城市气温调查，课中在小组学习中了解世界不同地区的地形特点，学习目标为建立对世界地势和复杂多样地形的初步认识。之后，在教师的引导下，学生感受到各地景观的差异，认识到自然环境的不同，了解到世界文化的多样性，形成不同文化之间要相互尊重、相互借鉴的国际认同。如此，学生在各环节的学习深度逐渐递进，目标拾级而上。这既是学生道德认知建立的过程，也是学生道德情感深入的过程。

从"教之案"走向"学之案"，从"教程"走向"学程"，从知识的传递者走向学生学习过程的设计者、启发者，这是师生教与学过程的不断丰富。教师还将继续在"深呼吸课堂"中不断实践，继续探索学生德性生长的美好路径。

7."深呼吸课堂"是"润物细无声"的课堂

在低年级的语文课堂教学中，教师有针对性地培养学生的朗读能力，让学生感受到"深呼吸课堂"的魅力，加深学生对文本的理解，展现学生的个性，让学生在朗读中展现生机，从而爱上朗读，需要讲究一些方法。

在"深呼吸课堂"中，教师让学生爱上朗读的前提是做好读书的准备，即让学生明确读书的要求，掌握必要的读书技巧。一方面，教师要了解学生的读书习惯，特别是针对其不良的阅读习惯，如假读、唱读、添字、漏字、错字等进行严格的把关，让学生借助拼音放慢速度读，一字一字地读，让学生把每一个字都看在眼里、记在心里，并把字音读正确；另一方面，教师要教给学生一定的读书技巧，让学生学会看标点符号，注意停顿节奏，知道每一个标点符号表达的含义，特别是问号、感叹号、省略号在句子结尾时所表达的不同感情，有助于学生在朗读时读出语气和感情。

学生在"深呼吸课堂"中，在做好了第一步认真读的基础上，要学会在读中悟。

低年级的语文课文有很多充满童趣的童话故事，蕴含了细腻、丰富的感情。在课堂上，教师可以根据内容，给这样的文章创设故事情境，把故事中的对话场景带入课堂，让学生有一种身临其境的感觉。学生在这样的环境中把握句段的感情基调，自然可以读得有滋有味、声情并茂。

在低年级的语文课堂中，有的文章理解起来有一定的难度，教师可以让学生联系自己的实际生活，并在理解的基础上去读，从而喜欢上阅读，感受阅读的乐趣。

针对低年级的语文课文，学生可以选择感受最深的重点词句进行读一读、想一想、说一说，潜心体会语言的含义，一遍又一遍、层层递进地去朗读，从而与作者产生共鸣，实现"以读悟情"的融合。在低年级的语文课堂中，学生在初读课文、读准字音、读通句子的基础上，可以采用多种形式的朗读方式。一方面，对于学生个体，教师可以让他们选择自己喜欢的段落，想读哪就读哪，想怎么读就怎么读；另一方面，教师可以让生生互读、分角色读、你读我听，也可以师生一起配合读，还可以开展朗读比赛，如男女朗读比赛、指定选手挑战比赛等。这样可以让学生在互动中爱上朗读，也可以让生生之间和师生之间互相促进、互相学习。

课堂上，教师常常会针对学生回答的问题做出评价，并给予肯定。其实学生在朗读时，同样需要教师启发性、激励性的语言。教师适时地进行引导、评价，可以让学生在明确朗读要求的基础上，获得成功的体验，从而增强朗读的信心和能力。

8."深呼吸课堂"是入情入境、深化体验的课堂

"深呼吸课堂"理念下的古诗教学，教师应该结合学生的学习需求，为其创设真实情境，使学生可以入情入境、深化体验，在真实情境中，增强学生对古诗内容与知识形成准确的理解，提升学生的古诗

学习能力。在此过程中，教师应该积极采用多媒体设备、编排剧目、利用音乐等方式创设真实情境，将情境与学生的现实生活联系在一起，通过生活化情境、趣味性情境的创建，培养学生的古诗学习能力与理解能力，促使各方面教育工作的有效落实。

（1）采用多媒体设备创设情境

教师在古诗教学工作中，为学生营造情境，应当积极借助多媒体设备，整合视频资源、图片资源等，为学生营造出真实的古诗情境，引导学生通过诵读、想象、感悟等方式，体验古诗的意境，深入理解其中的情感与内涵。教师采用多媒体设备为学生创设古诗情境，应当结合学生学习古诗的情况，有效开展指导工作，在学生进入情境的过程中，对学生进行深入引导，使学生全面学习与理解古诗知识，激发其学习兴趣，提升其学习水平。

（2）编排剧目创设情境

教师在古诗教学工作中，为激发学生的学习兴趣、培养学生古诗的学习能力，可以采用编排剧目的形式，创设真实的情境，使学生在体验情境的过程中，深刻体会古诗的创作背景，增强学习效果。在编排剧目的过程中，教师可以指导学生按照古诗中的内容进行角色扮演，让学生通过角色深入理解古诗的内容，并融入古诗的情境中，从而积极地学习古诗，提升对古诗的学习能力与理解能力。

（3）利用音乐创设情境

教师在古诗教学工作中，应当积极利用音乐创设真实情境，让学生入情入境、亲身体验，通过音乐打动学生，与学生的内心相互贴近，利用音乐节奏与旋律直达学生的心灵深处，挖掘其内心真挚的情感。在使用音乐进行教学的过程中，教师可以营造愉悦、宽松的课堂氛围，激发学生的学习兴趣。因此，教师应当积极利用音乐为学生创设古诗情境，指导学生借助音乐想象古诗内容，塑造鲜明的古诗形象，渲染古诗教学的课堂氛围。与此同时，教师还可以将音乐和古诗的情感相互结合，让学生在阅读古诗时获得一种真实的情感体验，提高学生对古诗学习的兴趣，促使古诗教学工作落到实处。

二 案例精选

学生学习能力的提升，可以通过教师优化教学设计或者优化设计教学策略、教学结构、学校文化来达到目的。北小红山分校采取的"深呼吸课堂"操作策略与途径在宏观上分为两点：一是重塑课堂教学设计，具体从教学目标、课程开发、课堂教学、教学评价四个方面进行重新设计；二是变革学校结构与文化，具体包括课时上灵活安排、统整学校特色课程、支持个性化发展的学校文化。

（一）让数学更好玩一点

1."深呼吸课堂"的提出

案例：

午饭后的学校操场是校园里最热闹的地方之一，伴随着暖阳的光辉，绿色跑道上的孩子们恣意奔跑着、嬉闹着、追逐着……远远望去，他们犹如小精灵一般灵动、自由，大口呼吸、随心随性。天空飘着朵朵白云，云朵悠闲地在空中变幻着造型，闲庭信步而又不失它的个性。我喜欢校园里的这幅场景，一动一静，一草一木，都有生长的力量。

我的课堂有这种力量吗？我禁不住问自己……

"啊！下节课是数学课啊？"喊声打断了我的思绪，我听得出来，学生不太欢迎数学课嘛！为什么呢？

反观我的课堂，小精灵们像是被施了魔法一般，一个个神情呆滞，"程序化"地回答问题。

我的小精灵们怎么了？我怎么成了施法术的"巫婆"？

自责之后，我仔细反思课堂问题到底出在了哪里。

学校的校训是顺性生长，基于儿童本位，助力儿童成长。

> "我的教学基于儿童本位了吗？""如何让学生在我的数学课堂中顺性生长？"我反复思考着这两个问题。恰逢学校数学组要申报江苏省教师发展专项课题，旨在通过改变现有的课堂教学模式，来促进教师的专业化成长。无疑，这给了我一次实践的机会。

数学教学需要将数学抽象、内化为学生容易接受的直观知识，从抽象到具象的过程中，数学交流起到了举足轻重的作用。教师往往只注重师生交流，殊不知生生交流更容易让"天堑变通途"。在课堂教学中，交流应当是多维的，师生、生生在交流互动中相互融通、相互点拨，教学相长，打破学生原有的认知，更新思维和知识储备。学生学习数学也应如同自由呼吸一样，灵动、顺畅。

在数学的教学过程中，教师不能仅仅满足于让学生浅层次的知道和了解，还要让学生学会思考、学会质疑、学会创新。因此，让学生在课堂上自由地呼吸已经不是教师的终极追求，教师应当追求课堂上的深呼吸。在数学的课堂上，教师不能仅仅满足于让学生学得自由，还应当致力于让学生学得有思想、有深度。在这一层面上，"深呼吸课堂"变革就呼之欲出了。

交换知识、更新认知、达到平衡，从而进入一个循环的过程……这大概就是教师对数学"深呼吸课堂"美好的向往了。

当数学学习如同深呼吸一样，本能地汲取充足的"养分"，学生学的方式要悄然变化，教师教的方式更要顺学而为。

数学课堂需要深呼吸，教师是时候改变教学模式了。

2."深呼吸课堂"的概念阐释

（1）"深呼吸课堂"是一种教育方式

对学生来说，大多数时间是在课堂上学习的，因此让学生在课堂上能"自由呼吸，顺性成长"，教师要结合学科特点精心设计活动、改革教学模式，让学生带着问题去学习，这就给学生提供了学习的空间，让学生保持积极的心态、探索的热情、高涨的情感去探索。

例如，在学习乘法分配律的内容时，学生在变式练习中容易出现计算符号误写或者数据分配不当的错误。如果课堂气氛紧张严肃，教师采用"一言堂"的教学方式，学生对知识的掌握与探索欲望就会降低很多；如果教师多给予学生交流、试错的机会，学生在平等的沟通和交流中逐渐厘清这一运算的规律，后面的拓展运用就会变得得心应手。

（2）"深呼吸课堂"是一种教学主张

"深呼吸课堂"是基于学校特色文化建设和课程建设而提出来的课堂教学主张。在课堂上，教师主张学生顺性生长，通过师生、生生之间的深度交往，更新学生原有的认知，并在这种循环交替中逐步提升学生学习数学的能力。

"深呼吸课堂"具有两个方面的特征：一是学生是学习的主人，而不是被动的接受者；二是学生可以自由地表达、互动，教师适时培养学生的创新思维，鼓励不同观点的碰撞。

（3）"深呼吸课堂"的教育定位

童年是观察力、记忆力、想象力和注意力急速发展的黄金时期，也是塑造品格的重要人生阶段。只有在天性不受压制的环境中，学生才能成长得更加茁壮；只有在充分自由、平等的空间里，学生才能真正地自由呼吸，形成健全的人格。

3. "深呼吸课堂"的理论溯源

（1）脑科学的研究

脑科学研究表明，多巴胺是一种有利于高效学习的神经递质，多巴胺水平升高，人就会产生愉快的情感，同时可以增强学习动机、记忆力和注意力。而适度的动机效应能有效激活大脑前额叶等相关的大脑区域，引起多巴胺快速、大量释放，产生愉悦感。在课堂上，教师可以活跃教学氛围，促进学生多巴胺的分泌，使学生专注于学习内容，进而提高其学习效率。这项研究表明，课堂上要创设和谐的学习氛围，学生只要有任务驱动，学习效率就会提高。

另外，研究还发现，良好的课堂环境与交流质量，也有益于脑功能的发展，脑功能的发展有助于课堂多向交流质量的提升，使师生的教与学都进入良性循环的理想轨道，有利于提高教师的教学效率，从而促进每一个学生的发展与进步。

(2) 心理学的研究

从心理学的角度来看，最好的自我放松方法是深呼吸，这也是缓解心理压力的方法之一。它能让人在一定程度上进行注意力的转移，从而在面对压抑的环境进行自我调节的同时增强自我意识。通过深呼吸，可以让自己保持镇静，调整自己的情绪，缓解焦虑带来的压力。个体的情感对认知活动至少有动力、强化、调节三个方面的功能。动力功能是指情感对认知活动的增力或减力的效能，即健康的、积极的情绪对认知活动起积极的促进作用，消极的、不健康的情绪对认知活动起阻碍和抑制作用。许多因素都能激发人的学习动机，如渴望赞扬和认同等。

(3) 名家主要观点

叶澜教授认为：要从生命的高度、用动态生成的观点看课堂教学。课堂教学应被看作师生人生中一段重要的生命经历，是他们生命的有意义的构成部分，要把个体精神生命发展的主动权还给学生。《义务教育数学课程标准（2011年版）》（以下简称《数学课程标准》）指出：教学活动是师生积极参与、交往互动、共同发展的过程。教师将学生置于师生共同体中学习，能较好地顺应学生的发展和需求，师生、生生一起分享经验，交流情感体验，求得新的发现，从而达成共识、共享、共进。这种境界就是"深呼吸课堂"的价值追求。叶圣陶先生曾说："上课，在学生是报告和讨论，不是一味地听讲；在老师是指导和纠正，不是一味地讲解。"因此，要让学生真正成为学习的主人，教师在课堂教学中就应该给学生提供充分的活动空间，尽量把时间还给学生，教师的角色定位要从一个单纯的"播音机"转变为学习活动的组织者和引导者。现代教学论认为，学生的数学学习过程是一个以学生已有的知识和经验为基础的主动建构的过程，只有学生主动参与学习活动，才是有效的教学。

4. "深呼吸课堂"的操作策略

根据"深呼吸课堂"的四大关键词，学校勾勒出了"深呼吸课堂"理想样态（图3-1），该样态中包含课堂的六大基本环节。

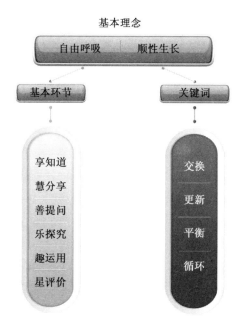

图 3-1 "深呼吸课堂"理想样态

（1）交换是引导学生加强新旧知识之间的联系

《数学课程标准》中明确指出：数学教学活动必须建立在学生的认知发展水平和已有的知识经验基础之上。教师应当激发学生的学习积极性，向学生提供充分从事数学活动的机会，帮助他们在自主探索和合作交流的过程中真正理解和掌握基本的数学知识技能、数学思想和方法，获得广泛的数学活动经验。学生对新知识的学习是建立在已有知识的基础之上的，这就体现了"深呼吸课堂"一呼一吸的关系，对教师的教学工作提出了更高的要求，具体表现在以下三个方面：

一是通过新旧知识之间的联系，教师要引导学生找到新旧知识之间的关联点，实现知识的有效迁移；二是通过新旧知识之间的联系，教师要引导学生找寻新旧知识的生长点，实现知识的有效整合；三是通过新旧知识之间的联系，教师要引导学生发现新旧知识的结合点，并发现知识的内在规律。

例如，部编版《数学》五年级上册《等式的性质》一课，教师是这么处理的：先出示天平左端放 2 个梨、右端放 1 个梨和 3 个桃的平衡图让学生观察，得出 1 个梨和 3 个桃同样重；然后两边同时去掉同样多的梨，使天平平衡；最后天平两端分别出现 50 克的砖头和 50 克的砝码，得出 50＝50 的等式。这里教师可以引导学生用数学语言进行表述，而学生经历了从形象思维到抽象思维的过渡。这个环节可以理解为知识的有效迁移。

接下来，教师抛出怎样在天平的两端增加砝码，才能使天平仍然保持平衡的问题，从而引出 50+10＝50+10 的等式。教师再次引导学生讨论：你能用一个式子把上面这些情况都表示出来吗？学生讨论之后，得出 50+X＝50+X 或者 50−X＝50−X 的等式。这里可以理解为知识的有效整合，学生对知识的深入理解已经超越了知识本身。

$$X+A\bigcirc(\quad)=50+A\bigcirc(\quad)$$

教师出示：观察等式，先填一填，再说说你的发现。学生填出：X+A−A＝50+A−A。教师提问：等式改变了，为什么还是等式呢？请小组交流。

根据学生交流的结果，教师总结出等式的性质，即等式两边同时加上或同时减去同一个数，所得结果仍然是等式。

这节课，教师收放自如，通过旧知识的铺垫引入新知识的教学，采用三次学生讨论的形式，让学生自由呼吸和汲取知识。教师的收放恰好是给学生自由呼吸的空间，让学生对新知识的理解更加深入。

（2）更新是注重学生深度学习、自主探究

深度学习更注重学生对知识的深层理解能力、独立思考与解决问题能力的提升。学生的学习，是基于自身基础和学习经验对新知识的学习与探究，教师在课堂上采取教学方式和手段，引导学生大胆想象或创造，给了学生自由成长的空间。

例如，统编版《数学》四年级上册《积的变化规律》一课，两位教师进行了同课异构。前者直接出示例题让学生发现一般的规律，引导学生大量举例探究过程，并验证规律；后者通过情境题"小猴子每只分 3 个桃子，2 只、20 只、200 只小猴子各分得多少个桃子"来让学生发现规律，并通过让学生练习例题来验证其发现的规律，进而总结出积的变化规律。教师在讲题的过程中，引导学生积极思考，让他们的思维进行碰撞，在碰撞中产生探究的热情。

两位教师对教学问题的处理，都给学生足够的时间和空间。前者给学生足够的验证时间进行规律的探究，后者通过大量的例子引导学生在比较中进行自主探究，两者的主张虽然不同，其实际效果相当。

此外，两位教师都注重培养学生深度学习的能力，前者是放手让学生自由思考，后者是结合学生已有的知识，引导他们加深对问题的认识。基于"深呼吸课堂"来理解这种"自由"，就是给予学生足够探究的时间和空间，让学生真实地去学、有创造性地去学。

（3）平衡是注重学生的问题意识、分析能力

"学起于思，思起于疑。"学生有"疑"，才有探索的欲望与冲动。质疑是思维的导火索。在教学中，教师要根据学生好奇心强的心理特点，有意识地设置"问"的情境，使学生形成认知冲突，主动地去发现问题、提出问题、解决问题。例如，在教授图形覆盖的规律时，教师可以引导学生先观察总数，并发现共有10个数；然后框住2个数进行平移，得出需要平移9次的结论；接着框住3个数进行平移，得出需要平移8次的结论；依次下去，直到最后框住5个数进行平移，将得到的结果记录在表格中。这时候，教师让学生观察表格，并发现问题。有的学生发现，平移次数加框住的个数比总数多1；还有的学生发现，框法跟数本身没有关系，仅仅跟总数和框住的个数有关……生生之间相互启发、相互探索，在不断的碰撞中激活了思维，每一个人都变为主动探索者，对问题的理解不仅仅是知其然，还要知其所以然。

（4）循环是引导学生活用知识、融会贯通

学以致用是对学生学习新知识之后灵活运用的基本要求。"深呼吸课堂"要求教师要关注到每一位学生，引导学生不仅可以解答问题，还可以掌握解决生活实际问题的能力。针对空间想象力不够、数学转换思维不强、逻辑思维能力较弱的学生，教师更要引起关注，让学生在运用新知识的过程中融会贯通。

"深呼吸课堂"最终目标是培养勤学习、会探究的学生，让学生在课堂上真正"动"起来，让学生的学习变为"真"学习。教师给学生足够多的时间交流、操作、运用、验证，这样学生才能在课堂上顺性生长，也才能更喜欢数学课堂的学习。

5. "深呼吸课堂"的实践成效

（1）追寻有深度的课堂

全国著名特级教师罗鸣亮曾列举过下面这样一个例子：

> 我曾听过《路程、时间、速度》一课，课堂中出现了如下的对话——
>
> "动物王国里举行运动会，来了松鼠和猴子，它们谁跑得快呢？""松鼠。""你怎么知道松鼠跑得快？""时间相同，路程多的速度快。""又来了一只动物，小兔和猴子比，谁跑得快？""小兔。""你怎么知道小兔跑得快？""路程相同，时间少的速度快。""小兔和松鼠比，时间不同，路程也不同，怎么算谁跑得快啊？""可以用路程除以时间算出速度。"

短短几分钟，教师一共提了5个问题，看似流畅的课堂教学背后，学生真的探究和思考了吗？很明显，学生无须思考就可以直接回答问题，如此学生就失去了深度探索的机会，学习只能停留在表面。

因此，教师要创设情境为教学服务，但切不可喧宾夺主，不能剥夺学生思考和探究的权利。教师所要做的是给学生探索的时间和空间，让他们深入地去探究知识的本质属性和规律。

教学不能浮于表面，学习数学更不能浅尝辄止。教师通过课堂理念向学生传达科学的学习方式："乐探究""深探究"……学习的路漫长且遥远，蜻蜓点水的样态对学生未来的学习会有负面的影响。如果学生能尝试着往前多走一小步，思考多停留一会儿，或许会看到不一样的风景。

（2）和谐的数学学习之旅

数学特级教师吴正宪曾说，做一位心中有儿童的教师，要儿童学能听得懂的数学。教师要给学生一个宽松、和谐的探究环境，让学生在师生平等、相互尊重的状态下，自主探究学习。

怎样教一年级的学生认识100以内的数？通过课前了解，教师发现学生对单个的数能轻松认读，对情境中的数就有些不知所措了。于是，教师的机会就来了。例如，教师可以出示问题：喜羊羊邀请小朋友们去羊村做客，但是不知道我们班有多少人。喜羊羊来到我们教室,不巧,小朋友们都不在。聪明的喜羊羊能知道它邀请了多少位客人吗?可以怎么数?

在这里,教师将认数的任务放在了帮喜羊羊邀请客人上,学生听完后都非常热情,既积极又主动。有的学生是一个一个数,有的学生是两个两个数,还有的学生是以五个为一组,一组一组数。学生的创造力真的是超乎想象。

数学学习需要这样一个轻松愉悦而又收获满满的过程,就跟旅行一样。数学"深呼吸课堂"重在关注学生的学习感受,使学生获得学习成效。

现将一位工作三年的年轻教师的反思,呈现如下:

> 在设计教学时,教师善于思考新旧知识之间的联系,在必要时设计相关活动,增强学生的体验,并关注活动的可操作性,让活动富有价值。
>
> "深呼吸课堂"是把课堂还给学生,学生是课堂的主人,但对教师也提出了更高的要求。本节课教学设计的出发点虽好,但是在具体的实践上还有许多的不足,尚需进一步的改进。

皮亚杰说过:"学习是一个不断犯错误的过程,同时又是一个不断通过反复思考导致错误的缘由并逐渐消除错误的过程。"特级教师罗鸣亮曾说,在教育教学中,错不是终点,而是下一次对的支点。

面对学生的错误,教师不能回避,更不能指责学生,而要从根源上去分析问题,对症下药。在纠错的过程中,教师要尊重学生的想法,给他们尝试的机会,让他们在和谐、灵动的互动交流中,共同成长。

(北小红山分校 张敏)

(二)会表达趣想象,追求课堂高效率

1. 课堂对对碰

这是一位新教师的课堂,教师教的课文是《火烧云》。《火烧云》是一篇写景的文章,描写的是晚饭过后,火烧云从上来到下去的过程中颜色和形状的变化,表现了作者热爱大自然、热爱生活的思想感

情。教师在课堂上做了如下这样的设计：

片段一：

师：这2个自然段写了火烧云的什么？

生：火烧云的颜色。

师：火烧云的颜色怎么样？

生：火烧云的颜色变化多、变化快。

师：课文中写了火烧云有哪些颜色？

生：红彤彤、金灿灿、半紫半黄、半灰半百合色、葡萄灰、梨黄、茄子紫。

师：除了课文中描写的颜色之外，你还看到过或想到了什么颜色？

生：黄色、褐色、橙色……

片段二：

师：课文4~6自然段写了火烧云的什么？

生：火烧云的形状。

师：火烧云的形状怎么样？

生：火烧云的形状变化多、变化快。

师：从哪些词可以体会到火烧云的形状变化快？

生：一会儿、过了两三秒钟、忽然、接着、一转眼……

师：课文中都写了火烧云像什么样子？

生：跪着的马、凶猛的狗、威武的狮子。

师：再次朗读这3个自然段，体会作者是按什么顺序描写的？

生：按出现—变化—消失的顺序来写的。

师：那么，除了课文中所写的火烧云的形状之外，你还看到或想到什么样的火烧云？

生：棉花糖、小白兔……

课堂设计目标清晰、有条理。学生对教师提出的问题，也是对答如流，但是对这两个问题的回答，学生的表达都只是停留在自己原有的知识水平之上，没有得到提升。同时，学生对火烧云形状的想象，也十分局限，没有新意，更没有儿童该有的天马行空的想象。那么，教师在面对这样的课堂、这样的学生发言时，又是怎样处理的呢？

片段一：

师：你对颜色的描写很准确，那读了作者对颜色的描写之后，你有什么启发呢？

生1：红彤彤、金灿灿是ABB式的词语，既写出了颜色的纯正，又写出了颜色的深浅程度。

生2：半紫半黄、半灰半百合色，写出了两种颜色参半的样子。

生3：运用水果的颜色来举例（如葡萄灰、梨黄、茄子紫），一下子让我知道了火烧云的颜色，好神奇。

师：是呀！大家都很棒，学到了作者描写颜色的精髓。那么，你能学着作者的样子，形容一下你眼中的火烧云的颜色吗？

生1：我眼中火烧云的颜色是黄澄澄、紫莹莹的。

生2：我眼中火烧云的颜色是半红半紫、半黄半蓝的。

生3：我眼中火烧云的颜色是铁锈红、南瓜橙的。

片段二：

师：课文中都写了火烧云像跪着的马、凶猛的狗、威武的狮子。这些动物都有各自的特点，而且还不断地变化着。你能根据课文内容，想象一下你眼中火烧云的形状、特点及变化吗？

生1：我眼中的火烧云像一条喷火的巨龙，一会儿盘旋，一会儿腾飞，还不时吐着红艳艳的火舌呢。

> 生2：我眼中的火烧云，像一个威武的变形金刚，用有力的拳头，在和怪兽大战呢。

通过前后课例片段的对比，我们看到了教师课堂指导的魅力。课堂上，学生在自主预习的基础上，已掌握基本内容，教师的指导可以提升学生的思维能力，使其表达更有层次、想象更有趣。在"深呼吸课堂"理念的引领下，语文课堂要以学生的更会表达、更会想象为抓手，让学生的学力在课堂上提升，让教师的教成为学生能力提升的杠杆，从而达到交换、更新、平衡、循环的效果。

2. 运用生动的表达，追求高效的课堂

（1）以教学实际为出发点，激发表达欲

在课堂上，制约学生写作和表达的因素有兴趣、注意力等。看图写话满足了学生探究的好奇心，鼓励学生积极表达。在小学语文教材的编排中，课文主要分为记叙文、议论文等，每个类型的课文都有各自的特点，教师应该分类对学生进行有针对性的看图写话训练。首先，图片要色彩鲜明，内容要生动形象，学生容易对直观的图片产生兴趣。其次，图片要来源于生活，学生对熟悉的图片才会产生亲切感，而且多说多看是提升表达能力的重要手段。

例如，在进行以写人为主的记叙文教学中，教师可以利用相关的图片来展开教学。

（2）以提升表达能力为出发点，进行科学的读图训练

看图写作能力的提升是一个日积月累的过程，需要从各方面进行培养，包括通过大量的看图训练来提升表达能力，看图写作能力是在科学教学理念的指导下不断提升的。

看图写话以提升学生的表达能力为出发点，以细致观察图片为教学前提，以科学指导教学实际来逐步加强学生读图和识图的基本功。通过大量的看图写作训练，学生可以掌握语言运用的一般技巧，并内化为个人的语言。在语文教学的过程中，教师必须提供一个机会，让学生大胆地表达自己，勇于发表自己的观点，从而提升自己的语言表达能力。

（3）立足文本，培养学生的想象力

在文本阅读中，丰富的想象力能够帮助学生进一步加工材料，挖掘蕴藏在文字背后的思想内涵，展现出文学作品的新意。基于此，在小学语文课堂教学中，教师应立足教材文本，引导学生在文字中不断融合、扩展、延伸，让学生的思维迈向更加广阔、更加自由的空间，以展现想象，并赋予文字魅力。

例如，部编版《语文》三年级上册《富饶的西沙群岛》一课，用生动的文字赞美了西沙群岛的美丽富饶，表达了作者对祖国大好河山的由衷赞美。

片段：

师：西沙群岛不仅风景优美，而且物产丰富……你能引用课文中的内容，将西沙群岛风景优美和物产丰富说得更具体吗？

生1：西沙群岛一带海水五光十色，瑰丽无比：有深蓝的，淡蓝的，浅绿的，杏黄的。一块块，一条条，相互交错着。这里说的是西沙群岛海水颜色的美丽。

生2：鱼成群结队地在珊瑚丛中穿来穿去，好看极了……各种各样的鱼多得数不清。这里既说明了西沙群岛鱼类的漂亮，又说明了鱼类资源的丰富。

…………

师：如此美丽富饶的西沙群岛，如果没人去欣赏，岂不是太可惜了。如果你有机会将西沙群岛介绍给别人，你会怎样描述呢？请结合多媒体中给出的西沙群岛的图片来说一说，并设计一个创意十足的宣传标语。

这样的教学设计从文本出发，利用充满魅力的文字，激发学生的想象力，启发学生在脑海中描绘画面，并在画面的解读中加强思维训练。

(4)创设情境,丰富学生的想象力

情境是激发学生想象力的重要载体,在开放、生动的情境中,学生能够主动参与师生的互动中,并敢于想象、乐于想象。相反,情境单一枯燥,学生缺乏外界的刺激,很难产生联想与想象的动力。基于此,在小学语文课堂教学中,教师应善于创设不同的情境,引导学生在情境中自由想象。

例如,在部编版《语文》四年级上册《观潮》一课的教学设计中,教师利用多媒体课件为学生展示钱塘江大潮的汹涌澎湃,以构建情境,并提出学生需要思考的问题:作者描写钱塘江大潮,具体写了什么内容?通过展示钱塘江大潮的哪些方面来说明它是天下奇观呢?你能结合自己的观察,想象一下钱塘江大潮的气势吗?

在这样的问题探究中,学生将作者的描写与自身的体验相结合,产生更加丰富的想象。

(5)学以致用,激发学生的想象力

学生的想象力十分丰富,但同时又很随意、跳跃,根据学生的这一特点,教师应当进行科学的引导,并利用合适的材料激发学生的学习兴趣,引导学生围绕一个中心进行想象。

例如,在学习了部编版《语文》三年级下册《慢性子裁缝和急性子顾客》《方帽子店》等课文后,学生在生动有趣的故事中体会到了想象的乐趣,并逐渐掌握了用自己的话复述故事的技巧。基于此,教材中的习作环节设计了"这样想象真有趣"的内容。教师为了激发学生的联想与想象,提升学生复述故事的能力,进行了如下设计:

片段:

师:试想一下母鸡能在天空中飞翔;蜗牛是运动健将;蚂蚁长得比树还高大;兔子和大灰狼是最好的朋友……他们身上又会发生哪些新奇的故事呢?请仔细观察教材中的图片,根据你的偏好选定角色,并大胆假设。

> 生1：母鸡如果能在天空中飞翔，它应该很想去跟老鹰比赛，看谁能飞得更高、更快。
>
> 生2：如果蜗牛是运动健将，它就再也不用在葡萄成熟之前爬上树了，也不用被黄鹂鸟嘲笑了。

在课堂上，教师给予学生更多的自由讨论的时间，鼓励学生大胆想象，并创编故事情节，尤其注重故事内容的细节，这些想象要合乎情理，同时也要有细节。学生在课堂交流中，不仅展示了丰富的想象力，也丰富了故事的内容，并通过与同桌、小组成员的沟通复述故事内容，有效锻炼了自己的语言表达能力。

想象力的培养是学生智力开发的重要组成部分。小学阶段的学生正处于想象力培养的关键时期，丰富的想象力能够让学生从更加开放、更加新颖的角度感知作品，体会生活。因此，教师应当结合语文课堂教学实践，为学生挖掘文本中的创造性信息，构建生动直观的情境，引导学生学以致用，让学生能够在开放的空间中展开丰富的联想和想象，并在思考与表达中提高想象力，从而达到想象力和表达能力共同发展的效果。

3. 课堂的实践成效

（1）会表达、趣想象，为学生成长助力

玩，是孩子的天性。为了让枯燥的语文阅读教学变成孩子乐于参与的文学舞台，教师需要改变以往的教学模式，让表演走进语文课，让语文课融知识性、趣味性、实践性于一体。

在教学中，教师可以让学生通过表演，引起他们心灵的震撼、情感的共鸣，有效地加强学生对课文思想内容的理解；同时创设生动具体的情境，激发学生的想象力，培养学生探究的欲望和阅读的兴趣。

教师要把在课堂教授的知识转移到学生全体参与的活动中来，使学生在愉快的活动中既学到知识，又对语文的学习产生浓厚的兴趣。

（2）会表达、趣想象，为高效课堂插上翅膀

例如，人教版《语文》六年级上册《第一场雪》一课用优美的词句，描绘了中国胶东半岛第一场雪的美丽景象。分析课文后，教师

鼓励学生根据文章的语言描写，让学生以"山村夜雪图"和"初晴戏雪图"为题展开想象，并随意创作两幅图画。结果学生展示出来的是一幅幅令人意想不到的奇特图画，这些图画不同程度地表达了文章的内容，而且每幅图画都独具匠心，别有一番韵味。

小学语文教材具有图文并茂、情趣盎然等特点。在教学中，教师可以充分利用插图，设疑拓展，激发学生的想象力。

又如，在教学人教版《语文》六年级下册《江畔独步寻花》一课时，教师让学生读一读古诗，看一看插图，说一说图上画的是什么地方，主要有哪些景物，你最喜欢的是什么。有的学生说："我最喜欢的是花。黄四娘家的院子里遍地是花。有粉红的桃花、雪白的梨花，千朵万朵，把枝头都压弯了。"有的学生说："花真美呀，引得蝴蝶在上面翩翩起舞，不愿离去。"

之后，教师引导学生上网查阅诗人杜甫写这首诗的时代背景，再次启发学生想象："战乱平息后，到处是一派怎样的景象？而黄四娘家却鲜花遍地，春意盎然。此时，诗人杜甫的心情如何呢？"学生回答说："诗人杜甫在饱经战乱之苦后，开始有了安身立命之所，由此感到欣慰。在春暖花开的时节，诗人杜甫独自在江畔散步，心情变得格外舒畅。"

这样，学生在丰富的想象中，真正入情入境，加深了对诗意的理解，深切地领会到了诗人的思想感情，想象力和表达能力也得到了提升。在"深呼吸课堂"的教学理念指导下，教师让学生在课堂上"自由呼吸，顺性生长"，实现了学生语文思维的进阶。

（北小红山分校　夏至）

（三）朋友圈微写作：触发作文思维的碰撞与交流

随着时代的发展，如今几乎人人都会使用微信，而刷朋友圈也成了他们的习惯。在校园里，学生几乎人手一部手机，他们都有自己的微信号和朋友圈，对于微信的功能非常了解。放学回家之后，学生会抽空发朋友圈，关注朋友圈的内容，并进行点赞或者评论。针对高年级学生对朋友圈浓厚的兴趣，教师也尝试把发朋友圈引入微写作的教学中，借此增加学生写作的趣味性，提高学生写作的真实性，调动学生写作的积极性。而所谓的"微写作"，则是继微电影、微博、微小说之后的一种独特的文化现象。那么，校内的微写作将如何与网络上的朋友圈共通，并取得成效呢？目前有以下几种方法。

1. 建立学习朋友圈

学习朋友圈是指脱离手机和计算机微信的面对面运作。一个班甚至一个年级都可以是一个学习朋友圈。在这个大的学习朋友圈里，每一个学生都可以"晒"和"回应"。"晒"就是通过微写作的形式将所见、所闻、所思、所感呈现出来，而"回应"就是对晒出的微写作进行点赞、评论、转载。

（1）制作微信本

线上的微信用户可以通过朋友圈发表文字和图片，线下的学习朋友圈中的学生则可以通过微信本晒文、晒图。

① 教师统一设计微信本。

微信本一共分为五个版块：文字区、配图区、点赞区、评论区、回复区。微信本由教师统一交予打印店统一复印，再装订成册。考虑到书写的规范性，文字区设计的是小方格。（图3-2）

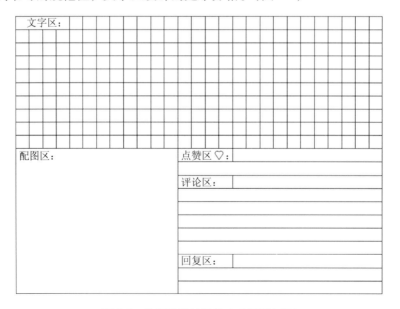

图3-2 教师设计的微信本内页展示图

② 学生自主设计微信本。

为了提高学生发朋友圈的积极性，教师也提倡让学生自主设计微信本。学生可以给微信本封面进行装帧设计，改真实姓名为"昵称"，在扉页贴上头像，写下自己的座右铭、星座等；也可以进行内容的页面设计，在空白处画上简笔画，给边框处围上花边或藤蔓。总之，微信本既可以是简洁的，又可以是活泼的。具体形式可以采用以下三种。

第一，加好友。学习朋友圈的好友范围很广，既可以是同班级的老师和同学、同年级的老师和同学、自己的兄弟姐妹，又可以是家长及其他熟识的人。学生可以邀请好友在通讯录中登记姓名。

第二，建群组。全班可以按照兴趣、爱好划分为5个群组，每个群组7~8位学生，这7~8位学生互为特别好友。每个群组会挑选1位组织能力、写作能力和责任心较强的小群主。这5位小群主，负责小组微信本的传阅和回收。

第三，创建微信平台。根据微信本流动范围广、流动人数多的特点，教师可以安排不同好友在不同时段、不同地点对文本内容进行阅读和点评。

（2）群组交流

群组交流时间一般由群主自行安排，小组内有人写好后就可以随时进行交换，交换后及时评价，并予以归还。

（3）全班交流

为了方便全班学生进行交流，班级会专门设置一个实体微信平台，由群主将本组的微信本放置在此，学生看完后会立刻送回该平台，以方便更多的学生和教师传阅。全班传阅微信本没有固定时间，课间、午休、自习课均可。实体微信平台的设置，使学生的课间生活变得丰富了，品评微信本变成了他们趣味十足的课间生活。

（4）校外交流

学生可以将微信本带回家去，与父母、朋友分享。待亲朋好友点赞和评论后，第二天早上，学生再把微信本带回学校。

（5）集体交流

每个星期五，教师会组织全班学生进行一次集体交流。在此之前，教师会把所有的微信本收上来，并评选出最热门的朋友圈，即获得点赞数和评论数最多的朋友圈。在品读最热门的朋友圈的同时，学生也学会了写作的方法，在写作主题的选择上也会得到启发。

2. 发表微写作

学生大多惧怕写作文，埋怨写作字数要求太多，焦虑没有题材，究其原因，是他们写作的素材和语言表达的匮乏。微写作，旨在让学生用简短的文字写出最能吸引眼球的内容，并让自己的朋友圈获得更多的点赞数与评论数。正所谓"巧妇难为无米之炊"，教师如何提供给学生"米"呢？教师将微写作划分为微日记、微特写、微连载、微推荐四种形式，让学生"有米可炊"。

（1）微日记

微日记，顾名思义，就是微型的日记。那么，比日记还短的文字主要记录什么呢？它可以是某一个瞬间，如教师的一个转身、妈妈的一抹笑容、同学的一句玩笑、飘落的一片花瓣……这个瞬间可静可动；它可以是某个时刻的一种心情，如喜悦、愤怒、失望、遗憾……这些心情只有自己最懂；它可以是一个细微的发现，如大雁飞回来了，同桌穿新衣服了，衣服摩擦起电了……生活中处处有新的发现；它也可以是一种微感觉，如起风了，天暗了，朋友生气了，饭菜烧煳了……列举上述例子是为了让学生知道，微日记中什么都可以写，看见的、听见的、闻到的、说过的、感觉到的、想象到的内容都可以写进微日记中。微日记话题小，学生可以轻松写；微日记篇幅小，学生可以愉快写；微日记内容真，学生可以放心写；微日记题材多，学生可以有选择地写；微日记用时少，学生可以日日写；微日记易坚持，学生在无形中可以积累大量写作素材。

微日记真正做到了"我以我手写我心"，其多元化的选择角度，让学生的写作内容从单一走向了多元，写作动机从被动走向了主动。学生在自由写作的同时，其观察力和想象力被插上了翅膀，其写作也变得更有趣、更接地气了。

（2）微特写

巴尔扎克曾说："唯有细节将组成作品的价值。"在作文中，注重细节描写，能让文章的感情更真挚、更动人。但很多学生并不擅长这项技能。在习作中，学生更擅长平铺直叙的语言描写，而缺乏细节描写。事实上，细节描写可以从静态和动态两方面着手。针对静态描写，教师可以先引入电影中特写镜头的概念，借此引导学生选取一个画面进行聚焦；然后把画面定格并放大，选取合适的词汇进行具体的描写。

（3）微连载

学生对于连载的漫画和小说兴趣浓厚，这启发了教师将连载的形式纳入微写作的范围。连载的形式多样，教师可以给学生一个开头，或几个关键词，让学生进行想象连载；也可以设定一个主题，进行系列连载。例如，教师曾让学生连续一周保护一颗蛋，每天学生都会遇到精彩纷呈的护蛋趣事。微连载也可以给学生一个固定的观察对象，如一个人的成长、一株植物的生长、一种动物的活动。一周下来，学生能整合成一篇精彩的连载作文了。

（4）微推荐

在线上朋友圈中，时常会有微信公众号推送一些美食店铺或者各类活动。在微信本中，教师也可以进行线下的微推荐。学生通过简短的文字和配图，把自己的推荐理由讲清楚，这也是对其写作能力的一种培养。教师既可以进行阅读书籍的推荐、出游地的推荐，又可以对美食、电影、娱乐活动进行推荐。只要多多关注多元化的生活，处处都能挖掘到可以练习写作的内容。

3. 点赞与评价

学生通过各种形式在微信本上发表文字和图片后，好友会在点赞区和评论区进行评价。

（1）点赞形式

如果文字和图片能引起学生的共鸣，学生可以在点赞区画上一颗爱心，表示其对于文字的赞赏。

（2）点赞奖励

为了激励学生坚持在微信本上进行微写作，教师可以设立相应的奖励制度：每篇文章积满 10 个"赞"的学生，可以获得免写作业卡一张，学生凭借免写作业卡，可以免写任意一份语文作业；每篇文章积满20个"赞"的学生，可以从教师这里获得一样小礼物；每篇文章积满30个"赞"及以上的学生，可以请家长带他们出去看一次电影。这样一来，学生的写作积极性大大提高了。为了能得到更多的"赞"，每一位学生都竭尽所能地挖掘素材，争取写出独一无二的文章。

学生的微信本实现了写作的开放性，由过去教师单一的评价体系变成了教师、学生、家长三维评价体系。评价的时间变得自由了，评价的效率也提高了。

教师在学习朋友圈中不再扮演高高在上的领导者的角色，而是充当通讯录中一个好友的角色。因此，来自好友的评价更加容易让学生接受，也更容易让学生在意。

学生不再是单纯的被评价者，他们也随时扮演着评价者的角色。在这样的角色互换中，学生也乐于参与其中。

在传统的作文评价体系中，家长往往没有起到作用，而在微信本上，家长可以看到孩子真实的想法、丰富的内心世界，所以他们也特别愿意参与其中，与孩子进行密切的互动。例如，学生家长读了孩子所写的《妈妈，我想对你说》之后，在微信本上留言："女儿，很高兴你跟妈妈说了这么多，现在的你慢慢长大了，妈妈却还以为你是个小孩子，这是妈妈的错。以后我们像朋友一样相处，好吗？"

如今，微信本已经成为教师、学生、家长之间沟通互动的一个新平台，成为传统作文教学模式的延伸与补充，而微写作也弥补了传统作文教学模式的遗憾。基于学习朋友圈模式下的微写作，必然会在作文教学中大放异彩。

（北小红山分校　曹雨）

（四）享受妙趣音乐课堂

《九年义务教育全日制小学音乐教学大纲（修订稿）》指出：音乐教育是基础教育有机组成部分，是实施美育的重要途径，对于陶冶情操，培养创新精神和实践能力，提高文化素养与审美能力，增进身心健康，促进学生德、智、体、美全面发展，具有不可代替的作用。

音乐的素养是音乐感受、体验、表现、创造能力的总和,以音乐基础知识、基本技能和对相关音乐文化的理解为基础,是音乐审美能力的重要组成部分和标志。其内涵是对音乐艺术美感的体验、感悟、沟通、交流及对不同音乐文化语境和人文内涵的认知。美国当代音乐教育哲学家埃里奥特说:音乐素养等同于音乐理解,而音乐素养(总是包括聆听素养)是多维的有效理解(或实践),而后者在本质上是程序性的和处于情境中的。

  知识需要融入情境之中,才能显示出活力和美感。有效的情境体验有利于激发学生的兴趣和求知欲,引导他们主动参与课堂教学活动。有效的情境体验让学生对于知识技能的学习不再是枯燥的,而是能激发学生的情感,推动学生认知活动进行的。小学音乐情境教学正是根据学生以形象思维为主的认知特点,创设能激发学生主动注意的情境。如丰富的音乐语汇、形象具体的实物、有趣生动的故事、直观演示的多媒体等,让学生的情绪高涨,促进学生积极的情感体验,提高他们的学习积极性。在情境教学过程中,教师应当充分调动学生形象思维能力和逻辑思维能力,使其达到认知与情感的相互作用。此外,教师应当遵循学生的心理发展特点,通过各种不同情境的创设,让他们体验和感知音乐、探究和表现音乐、理解和创造音乐,不断丰富他们的情感体验,促使他们养成良好的审美情趣和积极乐观的生活态度。

  1. 情境创设的原则

  (1)学生的主体性

  教育教学活动的主体是学生。新课标强调,要面向全体学生,注重个性发展。课堂不仅是学生学习知识和技能的地方,也是他们"自由呼吸,顺性生长"的沃土。学生的主体性表现在他们在课堂上能主动学习和创造。情境的创设服务对象是学生,要将学生的感受和参与摆在第一位。教师要调动学生的各种感观参与学习,并随时关注学生的情感反馈,进一步激发他们的学习兴趣,让他们获得学习和探究知识的内在动力。

  (2)认知发展的科学性

  刚步入小学阶段的学生就像一颗颗刚刚冒出头的小绿芽,睁开好奇的双眼不断地打量着这个多彩而又神奇的世界。他们最初以形象思维为主，之后逐渐向抽象思维过渡，从被动注意慢慢向主动注意转变。情境的创设要遵循这个阶段的学生认知发展的规律，结合他们的生活实际，科学、合理地设计情境，激发他们的学习兴趣，引导他们主动感受音乐，积极参加音乐活动。

2. 情境创设的实践

（1）创设音乐情境，培养聆听习惯

俗话说，"无规矩不成方圆"。良好的课堂是有效学习的保障。学生天性好动，缺乏自控能力，而且他们活泼好动、爱唱爱跳、好表现、注意力集中的时间短，且缺乏稳定性。如果教师一味地强调课堂规矩会让他们感觉很束缚，同时他们被动遵守规矩的效果也不是太好。这时，教师可以发挥音乐独有的特点、创设音乐情境，采用多样的音乐语言指挥课堂教学。这样可以培养学生"音乐的耳朵"，让他们养成良好的聆听习惯。

（2）创设实物情境，主动探究知识

从儿童心理发展的认知特点来看，小学阶段的学生对具体事物的感知很清晰。如果教师直接用实物对学生进行引导，他们能很快有清晰的印象，从而加深对该实物的认知。以歌曲《小鼓响咚咚》为例，该歌曲音乐形象生动，富有儿童的气息。教师在导入环节直接出示实物小鼓，课堂气氛瞬间热烈起来，随即可以进入节奏训练和发声训练环节。在节奏训练环节：教师用小鼓敲击节奏向学生问好，并请学生随意选择拍击身体各个部位进行模仿和回应。在发声训练环节：教师介绍小鼓的基本构造（由鼓皮和鼓身组成），并请学生体验敲击小鼓的乐趣，让学生模仿小鼓的声音跟小鼓"打招呼"。

通过实物的呈现，教师借助学生想和小鼓交朋友的强烈欲望，让学生认识和了解小鼓的构造，并以跟小鼓说话为由，让他们模仿小鼓的声音，熟悉歌曲的节奏，从而加深对小鼓音效的印象。在此环节中，教师可以适时地加入发声基本技能的训练，自然地在教学过程中融入相应的音乐基本技能的练习，使学生在不知不觉中完成音乐基本技能的练习，为他们将来的音乐学习打下坚实的基础。

（3）创设故事情境，合作体验乐趣

故事情境教学就是在教学的过程中创设一定的故事情境，教师在故事中穿插知识，让学生在故事情境中学习，其操作性较强，且具有一定的趣味性。

（4）创设多媒体情境，增强情感体验

随着科技的不断进步，现代的教育技术手段越来越多地运用到音乐课堂中，并起到了很好的作用。虚幻的音乐形象将动态的画面、声音和文字融为一体，给学生以全新的感受。通过学生与音乐之间所建立起的情感共鸣，教师可以使学生更为深入地理解音乐的内涵，而不仅仅是浮于表面的模仿，让学生感受音乐、亲近音乐，并在音乐中快乐成长。这样做不仅使教学内容得到了丰富和充实，还开阔了学生的音乐视野，让学生具有更高的审美力。

学生对音乐知识和技能的学习是必要的，这是实施全面素质教育的需要，也是提升学生音乐基本素养的重要组成部分。学生掌握基本的音乐知识和技能、了解相关音乐文化，能为他们今后进一步学好音乐打下良好的基础。如果教师一味地讲授音乐知识，机械刻板地训练音乐技能，在无形当中会将学生对音乐基础知识和基本技能的学习、音乐的审美体验和文化认知割裂开来，既磨灭了学生的学习热情，又让学生丧失了学习的主动性，还违背了以审美为核心的基本理念。

因此，教师要正确处理音乐基础知识和基本技能的学习、音乐的审美体验和文化认知的关系，在课堂中突出音乐学科的特点，把音乐基础知识和基本技能巧妙地融入各种音乐活动和情境体验当中。只有在教学中融入情感，学生学习才不是一种机械而枯燥的过程，他们才会变被动学习为主动探究，在音乐课堂上自由呼吸，汲取养分。教师不能期望一节课就把所有教学中的问题都解决了，但可以延续学生对音乐的热爱。

（北小红山分校　姚云星）

(五)弥补儿童科学思维"漏洞"

1. 缘起:科学思维"漏洞"的呈现

片段一:

苏教版《科学》四年级上册的《空气中有什么》一课证明空气中有水蒸气。

师:夏天将冰箱里冰镇过的、装着水的杯子放在无水的桌子上,过了一会儿,杯子的外壁上就会出现许多小水珠。这些小水珠是从哪里来的呢?

生1:我觉得小水珠是从杯子里面渗出来的,然后附着在杯子的外壁上。

生2:我觉得是冰箱里面的冷气环绕在杯子外壁的周围,然后出现的小水珠。

生3:我猜可能是因为杯口是敞开的,然后里面的水漏出来了,粘在了杯子的外壁上。

生4:我认为小水珠与杯子里面的水无关。因为桌子上本来没有水,如果小水珠是杯子里面渗出来的话,基本上只可能形成大水珠。那么,只有可能是杯子放在冰箱里才产生的小水珠,所以应该是冰箱里的小水珠粘了杯子的外壁上,然后慢慢显现出来了。

片段二:

师:现在需要设计一种测试小水珠是否从杯子里面渗出来的方案,你会选择哪些实验材料?如何使用这些实验材料呢?

生1:我选杯盖、抹布、冰块、杯子。在杯子里面放入冰块后,先用抹布擦干杯子,再盖上杯盖,我们就可以……

师：我知道了。你是想看看盖上杯盖后杯子的外壁上还有没有小水珠出现。如果杯子的外壁上有小水珠，就说明小水珠不是从杯子里面渗透出来的，对吧？

生2：我选抹布、红墨水、冰块和杯子，这样水会变成红色……

师：我明白了，如果杯子外壁上的小水珠是红色的，说明小水珠是从杯子里面渗出来的；如果不是，说明小水珠不是从杯子里面渗出来的，而是从杯外的空气中来的，是吧？

生3：我们可以把红墨水用在第一个验证方法中……

师：这样的话，如果小水珠是红色的，说明小水珠肯定是从杯子里面渗出来的，因为杯盖把杯子给盖住了；如果不是，因为杯子是盖住的，说明小水珠肯定不是从杯子里面渗出来的，而是从杯外的空气中来的。

2. 反思：学生科学思维"漏洞"的成因

（1）前概念主导思维发展方向

在片段一和片段二两个教学场景中，我们可以发现学生已有的科学概念和经验往往是隐形的、抽象的、模糊的，面对教师设置的情境问题，学生往往急于表达自己已有的经验，难以进行有目的的、有序的、科学的思考。维果茨基和皮亚杰等心理学家认为，学龄前和小学阶段的学生的认知发展需要建立在前概念的水平层次上。但前概念是由学生自发形成的，具有隐性、抽象的特征，在面对全新的科学情境时，学生抽象概括能力较弱，表达事物时常常杂乱无章。

（2）教师过度干预思维方法

《义务教育科学课程标准（2011年版）》（以下简称《科学课程标准》）给教师的启示：探究活动是在学生自主、自发、协同合作的条件下，培养学生分析、比较和归纳等方面的基本思维方法及观察、测量、控制变量、交流与表达、实验实施、形成与验证假设等方面的基本操作能力。但在目前的科学教学中，教师更多的是"主宰"探究或"表演"探究，探究活动成了简单的科学知识灌输或科学概念的验证活动。凡是超出教师预设的内容统统会被摒弃，不在预设中的问题、不在预设中的回答，甚至不在预设中的数据也会被摒弃，等等。探究活动必须在教师"精彩"的预设中流畅地完成。

在片段二中，由于教师的过度干预，使发言的学生失去了进一步分析、比较和归纳的机会。如果教师耐心地听完学生的发言，再让其他学生来对其进行分析、比较，归纳出其中的各种问题，并进行纠正或补充说明，这样就能够激活学生的思维。

（3）探究脱离情境，思维局限于书本

知识来源于生活，知识也要回归生活情境。很多教师认为，在课堂中组织学生进行对比实验、控制变量、数据分析等探究活动就能培养学生的科学思维，这种认识是片面的。在课堂上，大凡动手做的环节，学生表现得都很活跃，教师很难控制住，但真正意义上学生交流和质疑的场景则十分罕见，这充分表明课堂中学生科学思维的缺失。同时，学生在学习知识的过程中，虽然能够掌握基本的科学概念，但是面对真实世界中未见过的事物和现象，就不能用科学的思维去演绎、推理、解决真实世界中的情境问题。

3. 视觉演绎：促进科学思维能力的养成

小学科学从学生终身发展的角度出发，实践与思维都是小学科学教育的核心，只有将两者结合在一起，才能真正培养学生的科学素养。现实中，小学科学教学往往只注重科学探究的实践性，而忽视了学生科学思维能力的培养。教师借助视觉演绎，通过简笔画、示意图、模型、概念图、数字化软件等多种手段，能够将学生看不见的思维过程、不可言说的思考方法和路径等清晰地呈现出来，从而促进学生科学思维能力的养成，不断提升学生的科学素养。

（1）暴露前概念，找准科学探究起点

科学探究活动的教学往往将与学生的生活经验有冲突的问题引入教学。面对教师设置的问题情境，学生往往急于展现自己已有的经验，难以进行有目的、有序的、科学的思考。教师则希望学生充分暴露出已有的前概念，进而寻找合适的切入点进行教学活动。面对学生杂乱、无序、模糊的表述，教师可以通过如"猜一猜""说一说""画一画"等方式，挖掘学生的前概念。教师通过视觉演绎的手段，让学生对问题产生怀疑，并充分地表达自己的观点。教师得以有效了解学生已有的前概念，借机掌握学生隐形的思维轨迹，依照学生的认知需要。有效引导学生的主题探究活动，使之更有针对性，并便于自身追踪、预测、导向、修正学生的思维路径，让学生主动加深对科学概念的理解。

（2）内化科学概念，把握科学探究节奏

《科学课程标准》涉及多个自然科学领域，其中包括诸多探究活动。在教学中，教师对于一些抽象的、不可触摸的、无法演示的探究活动，更多的时候是通过讲授的形式灌输给学生，学生只能掌握基础性的知识，对知识的延伸及知识在生活中的拓展缺乏应用，其思维发展受到限制。教师应当根据教学实际，创设具体的、形象的可视化情境，激发学生自主探究的兴趣。学生针对科学问题，寻找有效解决问题的方法和路径，有助于教师打破学生思维的局限，帮助学生突破思维限制。

（3）提升思维层次，使知识与情境共同迁移

真实情境对于科学学习非常重要。缺少与生活场景连接的知识是孤立的知识，而与此相关的问题，学生只用低阶思维是难以解决的。教师需要创设真实、有价值的情境，让课堂中的知识与学生所处的真实世界产生连接，引导学生进入学习状态，并使用高阶思维解决问题。

小学阶段，学生的思维水平受年龄和认知水平的限制，他们的思维发展极其容易呈现出跳跃性、片段化的特点，思维过程出现断层或停滞，难以促进学生对科学知识、概念、原理的理解。在教学中，教师需要结合一系列科学探究活动，使学生的思维在质疑、讨论、交流、探索的过程中能够持续地、系统地、完整地进行，有效地提高学生的思维能力，促进学生科学素养的养成。

4. 视觉演绎：弥补科学思维"漏洞"的有效策略

在科学教学活动中，教师可以借助有效的视觉演绎手段，设置教学情境，运用科学的教学方式，让学生在自主状态下进行科学探究，促使学生呈现出真实、完整的科学探究路径和思维过程，掌握学生的科学认知特点和思维发展状况，促进学生对科学的深度学习与建构。

在教授苏教版《科学》四年级上册《食物的消化》一课时，教师希望学生对食物在人体消化器官中的基本情况有初步的了解。

片段：

师：每天吃进去的食物在我们的体内依次经过了哪些器官呢？这些器官分别叫什么呢？请在人体轮廓图上画下来。

生1：我觉得食物先进入喉咙，通过喉道进入胃，人体吸收营养后，残余的食物会到小肠，再到大肠，然后排出体外。

生2：我觉得食物还要经过食管，才能进入胃。

生3：我觉得食物还要经过心脏，从食管出来进入心脏再到胃，然后到小肠、大肠，最后被排出。

生4：食物不能经过心脏，如果有食物进去，我们会死亡。我觉得食物是先从食管下来经过肝脏，再到胃，然后经过大肠、小肠排出。

生5：我觉得食物不能到肝脏里面，我听说肝脏是能排毒的器官，跟消化没有关系。食物应该是先从嘴巴到胃，再到大肠，然后经过小肠，最后通过肛门排出体外。

由于学生的思维正处于隐形的、模糊的、抽象的状态，学生难以用语言精确表达，因此教师让学生采用图示的方式，将学生对问题的思考、质疑、交流的过程清晰地表达出来，能够及时、准确地掌握学生对消化器官的认识情况，进而有效地引发学生思考，并准确地把控教学节奏。

5. 图表演绎：分析推理概括，助力思维参与数据建构

分析能力是思维发展的基础，也是进行科学探究和掌握科学规律的必要能力。科学探究活动中需要大量的数据支撑，根据整理和分析的数据，可以揭示规律，形成结论，建构科学体系。

在记录数据时，一般可以把数据列成表格的形式，这样既可以简单而明确地表示出测量的量与量之间的对应关系，又便于表示数据变

化的趋势，有助于学生对数据进行归纳、概括，从而发现其中的共性，并把共性作为规律进行提炼、总结，形成结论。同时，这样的数据也有助于学生检验和发现实验中的问题。当然，由于学生对实验数据缺乏一定的敏感性，在对数据进行分析的过程中需要将一系列数据之间的关系及其变化情况用图线直观地表示出来，使数据变得更为清晰。

例如，苏教版《科学》四年级上册《小车的运动》探究实验中，为了讨论小车载重对运动快慢的影响，学生测得了一组数据（表3-1）。

表3-1　学生测量小车载重对运动快慢的影响数据

载重	时间/秒			
	第一次	第二次	第三次	平均值
2个钩码	1.5	1.8	3.8	2.3
4个钩码	2.0	1.7	1.7	1.8

学生对自己的数据进行分析之后，得出结论：当拉力等其他条件不变时，小车载重越轻，运动越慢。这显然与其他小组的结论相反。

片段：

师：为什么这个小组的结论跟其他小组不同呢？究竟是他们的结论正确，还是其他小组的结论正确呢？你们能分析一下吗？

生1：他们的结论是错的。我发现这个小组在使用2个钩码进行实验时，测得的第三次实验数据与第一次、第二次实验数据相差太大了，这可能是因为小车运动的时候被什么东西挡住了，他们没有注意到。

生2：我也发现这个小组第三次实验数据有问题，这可能是他们的计时员在测量这次数据的时候没有集中注意力，导致数据误差太大，造成他们的结论不正确。

生3：我觉得可能是这个小组的秒表计时不准确，所以才得出这样的数据。

学生在进行一番探讨之后，该组学生对自己的数据误差仍抱有怀疑的态度，他们表明自己完全是按照设计的步骤操作的，数据都是真实可信的，所以他们认为自己的结论是正确的。

随后，教师提供了数字传感器实验器材，这样可以避免在实验中因人为操作带来的影响，学生测得如下数据（表3-2）：

表3-2 数字传感器测量数据

载重	时间/秒			
	第一次	第二次	第三次	平均值
2个钩码	1.0	1.0	1.0	1.0
4个钩码	1.7	1.7	1.7	1.7

在借助数字传感器实验器材，测得数据之后，本组学生最终得到的结论与其他小组相同。数字传感器能有效减少实验操作不当导致的数据误差，节省教师教学及学生探究实验的时间，使师生更加专注于科学问题的探究活动及实验数据的分析与研讨的思维活动，有助于学生发现实验数据的变化，避免错误数据对学生的误导，让学生通过分析建立起正确的科学认知。

实验数据是定量实验结果的主要表现形式，也是定量研究结果的主要依据。在教学中，教师需要学生明确实验数据与结论之间的内在逻辑关系，在对实验数据进行分析、比较、归纳的基础上，通过推理、概括，从而形成结论。这些都离不开学生高阶思维的积极参与。

在学习苏教版《科学》四年级上册《吸热和散热》一课时，学生需要通过实验来测量和比较水与油的吸热性能、散热性能。在对这个问题做出预测之后，学生分组实验，观察每分钟内水与油的温度，并将数据记录下来（表3-3）。

表3-3 水与油加热时和停止加热后的温度变化

时间/分钟		0	1	2	3	4	5	6
温度/℃	水	17	20	24	27	31	34	37
	油	16	17	23	30	40	45	54

续表

时间/分钟		7	8	9	10	11	12	13
温度/℃	水	40	39	38	37	37	36	36
	油	60	62	61	60	58	56	55

学生通过实验对数据进行比较与分析，发现随着时间的增长，油的温度比水的温度升高得快。由此说明，油比水更容易吸收热量，这也证明了学生的猜测是正确的。而接下来，在对水与油的散热情况进行分析时，学生发现这组数据比前一组数据更为复杂，水和油停止加热后，温度依然在上升。这时，学生发现自己测量后得到的数据无法用规律性的语言进行概括，教师就需要适时加以引导。

在教学中，教师可以引导学生将数据转化为折线图（图3-3），为学生提供思维"支架"，让学生直观地看到水与油在停止加热后温度变化的曲线和趋势，还能直观地比较两者变化的差异性。这有利于教师有更为充足的时间引导学生分析"在未达到沸点前，停止加热后，水与油的温度还在上升，过一会儿才下降"的原因。

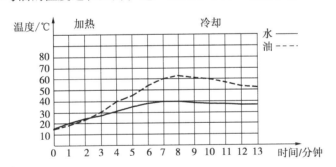

图3-3 水与油加热时和停止加热后的数据折线图

教师通过绘制折线图及对折线图数据的分析、归纳，并联系前面学生所学的有关热传递的知识，解释停止加热后水与油的温度还在上升的原因，学生的科学思维得到了有效地激活。

当前，很多教师的教学工作似乎本末倒置了，教师更关注知识的传授，缺少对学生思维技能的训练与培养，甚至避而不谈。这与隐性的、模糊的、抽象的思维不可知和不可教的认知误区不无关联。随着认知科学、数字技术、教学策略的发展，教师已具备借助流程图、思维导图、概念图等图示工具将思维化隐为显的能力，并借此审视自我或学生的认知能力。

图示工具的视觉演绎流程（图3-4），是借助思维可视的策略，通过如流程图、思维导图、概念图、起泡图等工具，表征现象与概念、思维与情境、问题与能力的关联，培养学生的分析思维、直觉思维、对比思维、逻辑思维等能力，促进学生的思维从低阶走向高阶。

此外，数字传感器实验器材在科学探究实验中的应用，可以将一些知识性、抽象性、概念性的实验转化为安全状态下的真实模拟实验，让学生能够进行可视的、现实的探究。

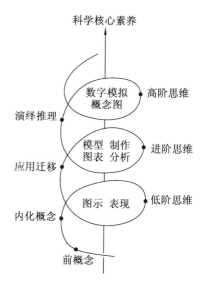

图 3-4 视觉演绎流程

教师使用数字传感器实验器材透过真实模拟情景，引导学生发现科学基础知识背后衍生的科学道理，使学生不仅关注基础性的科学知识，而且注重知识延伸背后的科学应用，从而加深学生的理解，促进学生思维的发展。

6. 构建思维效度：指向认知反刍与重构

思维是有痕迹的，思维的方法、路径在重要的环节中是具有一定的表征的，但是这些表征容易被忽视掉，师生更多关注的是问题的结论，并不在乎思维的过程。教师在科学教学的过程中，需要有意识地引导学生回望探究之前来时的路，把思维过程本身当作一个反思的载体，并进行有意识的反刍与重构。

（1）病毒模型演绎——思维前瞻，头脑风暴多视角

头脑风暴是一种激发全体智慧和提出创新设想的思维方法。病毒模型制作的思维前瞻，可以从问题思考的方法和路径的选择开始。头脑风暴意味着解决科学问题的方法和路径是多种多样的，有的是受前概念启示的影响，有的是受教师启示的顿悟，还有的是受学生想法的

提醒……这些多视角下的预设讨论，让学生能够有更多的机会去选择和尝试。

在进行科学活动之前，教师可以引导学生强化前瞻性思维，进行头脑风暴。例如，在病毒模型制作的活动中，学生进行了一次充分的头脑风暴。

片段：

生1：病毒的身体可以用什么材料来制作？土豆、苹果、黏土、气球、乒乓球、洗衣球、钢丝球、牙签、棉签、铁丝、树枝……

生2：如何呈现病毒的外形呢？如做成立体结构的样式，在土豆上面规则地插满牙签；做成平面结构的样式，将卡纸裁剪成圆形，在外面粘上纸条……

生3：病毒主体外部的突起结构，需要做成规则排列的形状吗？如做成规则排列的形状，这样的病毒模型看起来比较真实；做成不完全规则排列的形状，这样的病毒模型制作起来比较简单；做成不规则排列的形状，这样的病毒模型看起来更具致病性……

头脑风暴作为一种高阶思维，可以让思维与思维之间产生碰撞的火花。学生在这种探究活动中，既有发现，又有思考，还有方法的习得，可谓是一举多得。

（2）实物模型演绎——思维回溯，科学认知再重构

学生在尝试解决一个探究问题之后，教师要引导学生在结论和过程之间进行思维回溯。如面对刚才的问题，学生是怎么猜想的，又是如何验证的？类似的问题能否用同样的方式解决？思维回溯作为反思性思维，在问题和答案之间架起一座桥梁，让学生能够看清楚自己解决问题的思维方法和路径。

例如，基于学生已有的消化知识，教师选取了一系列物体来模仿

消化道模型：用漏斗代替口腔；用软塑料管代替食道；用塑料保鲜袋和气球代替胃；用丝袜代替肠；小块馒头、馒头屑、面糊、乒乓球代替食物。学生搭建了形象、具体、可触摸的消化道模型之后，能够在有限的条件下直观地观察人体结构。

消化道模型的搭建、改进、完善和学习，可以帮助学生了解人体基本的消化知识。如人在饱食后剧烈运动，食物会把胃撑破；人不加咀嚼地进食，大块的食物容易卡住食道，尖锐的食物容易划破消化器官；食物在强力的作用下能够反向运动，被人吐出来。在消化道模型搭建的过程中，学生经历了观察、构思、反思、改进、重构、完善等一系列持续性和系统性的思维活动，在新概念与旧经验的冲突之中，既学到了"解暗箱"的方法，又建构起了对消化系统过程的完整认知。

7. 结语

古希腊哲学家普鲁塔哥拉曾说："头脑不是一个要被填满的容器，而是一把需要被点燃的火把。"学与教的视觉演绎策略，是能够实现科学探究有效开展的一种重要途径。小学科学课堂中，儿童科学思维能力的培养是一个漫长的过程，行之有效的视觉演绎教学策略能够很好地促进学生思维品质的不断完善，进一步增强学生的思维能力，挖掘其思维深度，拓展其思维广度，提升其思维效度。学生的思维能力就会有质的飞跃，学生的科学素养也会有进一步的提升。

（六）会呼吸的小嫩芽

当今的教育理念越来越提倡自然的融入。结合学校新绿芽课程的背景，将自然中的一些元素融入美术教学中，让小嫩芽们尽情地呼吸着自然的味道。

1. 大自然是个好模特

北小红山分校是园林式校园，自然植物的种类繁多。每年的春季是百花盛开的季节，有粉色的樱花、金灿灿的迎春花、火红的茶花、优雅的紫藤，还有那热情似火的凌霄花，这些美丽的花让整个校园姹紫嫣红。在明媚的阳光下，在美艳的花下写生，也是一种享受，摸摸薄如蝉翼的花瓣，闻闻淡淡的花香，和学生一起留住童年该有的味道。看看照片中的学生，他们是多么快乐。

在美术课堂上，中、高年级学生的写生模式以线描写生为主，具体形式如图 3-5 所示。

图 3-5　中、高年级学生的线描写生

而低年级学生的写生模式以趣味引导为主，目的是在降低难度的同时让学生能感受到大自然的真实和美丽。如苏教版《语文》一年级下册《春天来了》这一课，教师教学画花朵，先让学生通过漫步校园，直观地观察花瓣的形状及色彩特点，然后讲解花朵的构造，示范一些常见花朵的画法，让学生画在作业本上。批改作业时，教师发现了一个普遍的现象，就是花瓣不能较好地围绕花蕊排列。之所以会出现这种现象，是因为学生还小，不能控制好画笔线条的聚拢，造成花瓣"变形"，这时教师要加以适当引导。（图 3-6）

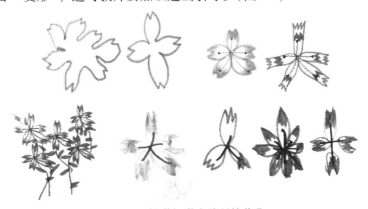

图 3-6　低学级学生绘制的花朵

2. 落叶也能成为一幅画

一年四季，不断交替，春季发芽，秋季落叶铺满地。校园里的秋景也是很美的。落叶离开了大树的怀抱,准备归隐大地,可它们依然是美丽的。教师带着学生一起捡起落叶,把落叶变成一幅画,让它们重新获得生机,释放它们的自然魅力。人类与生俱来具有创造的天分,学生的思想还没有受到约束,所以让他们尽情发挥创造才能吧!教师可以引导学生将不同颜色、不同形状的落叶拼一拼、搭一搭,就可以形成一幅幅既生动又有大自然气息的图画了。(图3-7)

图3-7 学生制作的落叶拼图

3. 冬季的果实也很美

冬季的校园,松树上的松果掉落一地,虽然它们失去了艳丽的色彩,但是学生用手中的颜料赋予了它们新的生命与色彩(图3-8),这就是顺性思维带来的美丽创意。

4. 开在手心中的花儿

美国著名的美术教育家艾斯纳曾说:"美术能力不

图3-8 学生制作的彩绘松果

是自然发展的结果,而是教育的结果。"很多美术知识和技能是需要教给学生的。低年级学生的绘画虽然比较稚嫩，但他们的涂鸦反而让作品更值得被欣赏，只要作品在内容和形式上不跑偏，再配合一些小技巧让这些涂鸦更有味道即可。中、高年级学生的绘画则上了一个台阶，其描绘的对象有一定的具象要求。教师既要激发他们的创新意识，又要让他们迎难而上，展现特色。

低年级学生的思维能力和动手能力在经过引导后，他们就可以通过观察现实中花朵的样貌，用超轻黏土制作出平面、立体和半立体花朵（图3-9）。

图3-9　低年级学生制作的平面、立体和半立体花朵

5. 简单线条成就自然之美

美国哈佛大学教授、儿童艺术教育"零点计划"主任霍华德·加德纳认为："教师的任务基本上是为自然出现的那些发展提供支持、对来自幼儿的积极性做出赞许和同情的反应。"在美术教学活动中，技能和技巧不可或缺。对低年级学生来说，他们不仅仅满足于表现自己的想法，还会对画面的美感有一定的要求。

例如，在学习苏教版《美术》二年级下册《花儿朵朵》一课时，学生在练习画不同的花朵后，觉得自己画花朵的形式比较简单，遇到稍难一点的花瓣造型就画不好了，而以临摹教师的画居多。教师示范了几个基本花型后，很轻松地就画出了三四朵花（图 3-10），学生便跃跃欲试。这种"搭积木"的方法同样也适用于建筑物和人物的绘画表现上。

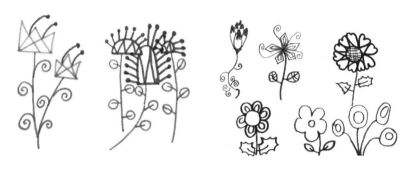

图 3-10　教师示范的基本花型

6. 动脑动手，做会呼吸的小嫩芽

大自然是美丽的，生活在这片美丽的校园中的小嫩芽们也渐渐地学会了静静地观察、认真地思考。

绘画的技能与技巧是学生表达想象图景、表达思想与表现作品必须具备的能力。绘画，这种古老的艺术表现形式一直演变到现在，它的根，源于生活；它的意，是让人发现美、留住美，并将心中感悟到的美呈现于眼前。对学生来说，只有不畏惧，发自内心的喜欢，才会付诸行动去热爱。

在大自然中自由呼吸，享受大自然的美丽景色，教师不仅可以让学生感受大自然的气息，引导学生用自己的双手和智慧创造出富有大自然气息的作品，还可以把大自然带入美术课堂，让美术教育更贴近大自然，让学生做会呼吸的小嫩芽，顺性生长！

（北小红山分校　严蕾）

（七）儿童立场：在"深呼吸课堂"中促进低年段儿童思维发展

1. 立足儿童立场，聚焦游戏，体验在玩中思考

传统教学对儿童的吸引力不足，而游戏恰恰是儿童喜闻乐见的形式，并在儿童的成长中扮演着重要的角色。聚焦游戏，也就聚焦了儿童的兴趣所在，聚焦了课程吸引力的维度。

> **片段：**
> 师：篮球静静地待在地上一动不动，你们有什么方法可以让篮球动起来？一起来试一试吧。
> 生：用手推，用脚提，用头顶……
> 师：大家回忆一下《推和拉》这节课的内容，要让这个篮球动起来，我们的身体都会用……
> 生：力！
> 教师组织 2 名学生滚篮球，看谁让篮球滚得快。
> 师：他们谁让篮球滚得快？谁用的力大？
> 生：让篮球滚得快的同学用的力大。

教师组织了 20 名学生，将他们分为 2 组，男、女生迎面而站。在教师的指挥下，他们相互之间快滚篮球、慢滚篮球，体会用力的不同。

2. 立足儿童立场，基于任务学习，促进儿童思维的发展

儿童思维发展的核心工作，是提高儿童的学习兴趣。聚焦游戏，让儿童在这个过程中体会游戏的快乐，并学会思考。教师可以根据教学内容，以真实的生活情境为背景，设计成具体的任务，而学生在执行任务时，自主参与，合作探究，交流互动，调动自身的认知能力，在实践中学习，在学习中实践。

在之前的教学中，教师通过篮球教学让学生感受到力的作用。接下来，教师又为学生布置了一项任务，具体如图 3-11 所示。

> 动起来任务一
>
> ①猜一猜：我们用力使篮球动起来了，每位同学用力的大小肯定不一样。那么，用力的大小与篮球滚动速度的关系是什么？
> ②请小组讨论并设计一个活动，通过这个活动来验证你的猜测是否正确。（材料：篮球）。
> ③写一写结论。

图 3-11　动起来任务一

立足儿童立场，在体验篮球动起来与力的关系环节中，教师引入学习任务单，在任务的激励下引发学生的学习兴趣和思考。任务单的设计遵循科学探究的基本过程：猜测—实验设计—验证—得出结论。教师可以让学生自己设计、自己实验、自己思考。对于二年级学生而言，任务单可以用文字的形式呈现，也可以用图画的形式呈现。学生可以根据自己已有的经验进行猜测：用的力越大，篮球滚得越快。大多数小组的实验设计采用了学生用不同的力推篮球，感受篮球滚得快或慢。这时，教师加以引导：用的力越大，篮球滚得越快，滚得越远；反之，篮球滚得越慢，滚得越近。一个小小的学习任务单可以吸引学生的学习注意力，引发学生积极思考，即使呈现的结果与任务有所出入，也能表现出学生思考的过程，这时需要教师正确的引导。学生的汇报交流就是一种思维的碰撞。在发现本组活动不同于其他组活动时，更要积极地举手发言。

教师可以通过提问的形式，引导学生思考：要使不同重量的篮球动起来，需要用的力一样吗？具体可以看看教师布置的下一个任务（图3-12）。

> 动起来任务二
>
> 使用任务一中的活动，寻找让篮球和实心球慢慢动起来与力的关系。（材料：篮球、实心球）

图 3-12　动起来任务二

任务二是任务一的延续，教师在设计时省去猜一猜的环节，让学生直接使用任务一中的活动方式进行实验验证。学生在汇报中提道：他们推篮球用的力很小，但篮球能滚起来，且滚得很远；推实心球用的力很大，但实心球滚得不远。学生在任务二与任务一中做了创新，用距离表述篮球和实心球慢慢动起来与力的关系。在之前的任务活动中，学生积累了经验，有了新的发现，看到了其他组的创新，学会了不断思考。这一小组的学生发现距离可以很好地表示一个重的实心球和一个轻的篮球慢慢动起来与力的关系。

接下来，教师进一步引导学生对力的相关知识进行思考，并指出要让动起来的球停下来，也要用到力。这时，教师又布置了最后一个任务（图3-13）。

停下来任务三

① 设计一项活动，寻找让运动的物体停下来的方法。找出物体速度与力的关系。（材料：篮球）

② 设计一项活动，寻找让一个重的和一个轻的物体停下来的方法。找出物体重量与力的关系。（材料：篮球、实心球）

图3-13 停下来任务三

任务三是在任务一和任务二的基础上，摒弃了按照"猜测—实验设计—验证—得出结论"的步骤，考查学生独立进行科学探究的能力。

3. 小结

低年段的科学课堂，立足儿童立场，促进学生思维能力的发展，是学生主动参与问题探究的课堂，是学生主动构建知识的课堂，也是学生积极协作与对话的课堂。总结下来，在课堂上共有四个方面可以促进低年段学生思维的发展：一是引入学生感兴趣的事例或游戏，将学生的注意力有序地吸引到课堂上来；二是合理使用实验记录单，组织学生将自己的想法写在任务单或者记录单上，因为书写也是一种思考的过程；三是课堂活动要有连续性或者层次性，活动之间要有联系，这样学生可以将前面活动中总结出的经验运用到后面的活动中；四是在课堂最后应用环节中，要引用学生亲身经历过的事情，低年段学生抽象思维能力欠缺，具象思维能力占据优势，他们只有亲身感受过事物才能理解。

（北小红山分校 严昆）

（八）创设情境，快乐表达

随着新课程改革的不断推进，当代各科教师的教育目标、教学手段和教育理念都发生了巨大的变化。越来越多的教师开始意识到英语是一门以交际为主的语言学科，而学生是学习的主体。因此，英语教学目标应该侧重于让学生在实际情境中运用语言知识，培养学生用英语交流、做事的能力。然而，当前英语的教学现状还不够理想，如何正确认识并在教学中合理运用情境教学法，仍值得一线教师深思和探索。

1. 当前英语教学中存在的问题

（1）教学目标设置有误

《义务教育英语课程标准（2011年版）》（以下简称《英语课程标准》）明确提出：英语课程改革的重点是要改变英语课程过分重视语法和词汇知识的讲解与传授，忽视对学生实际语言运用能力的培养倾向。多年来，我国英语教育侧重于对考试成绩的评价，这一评价方式有其存在的必要性，但也在一定程度上使许多英语教师把熟练掌握课本的单词、句型、语法等语言知识作为主要的教学目标，忽略了对学生英语学习兴趣、应用能力和情感态度、价值观的培养。这样不仅与英语的教学目标相悖，使学生的语言能力无法得到真正发展，还会让学生在长期背单词应付考试的过程中对英语丧失兴趣，使教学无法达到学科育人的效果。

（2）教学内容编排不当

目前，越来越多的英语教师将多媒体与板书相结合进行教学，让学生对英语知识有了直观的认识，调动了学生学习的积极性。然而，多媒体教学到底有没有强化英语在情境中的应用呢？有的英语教师将课件做得十分花哨，把整节课内容都上完了、练完了，才进入课文学习，浪费了课本本身的情境资源；有的英语教师将拓展环节改成了课后练习题，只注重学生做题水平的提升，丢弃了情境运用和知识拓展的方法，这对学生的英语学习十分不利。因此，英语教师需要对情境教学法有正确的认识，并思索和探究如何在教学中合理运用这一方法。

2. 情境教学法的定义和优点

（1）情境教学法的定义

情境教学法是植根于情境教学的基本理论，通过多种手段创设情境，让学生在情境中学习、理解和运用语言，从而让学生熟练运用语言进行交际的一种教学方法。情境教学法注重语篇而非词句，注重运用而非做题，注重整体的英语教学而非割裂的知识学习。

（2）情境教学法的优点

① 情境教学法可以帮助学生有效运用语言。

英语是一门语言，语言的首要功能是交际，而交际就需要具体的情境。英语教师结合课文内容，通过多媒体创设真实的语言环境或模拟情境，往往给学生身临其境的感觉。例如，在译林版《英语》五年级下册 Unit 3 Asking the way 中，一位教师将南京市举办青年奥林匹克运动会的背景和课文内容结合起来，请学生为外国友人指路，这样的语言知识就"活"了起来，学生在具体的情境中有效运用语言，学有所得。

② 情境教学法可以增强学生的学习兴趣。

学生的心理特点是会对有趣的事物产生较大的热情，探究欲望强，喜欢展现自己，以获得别人的赞许。情境教学法遵循反映论的认知规律，情境中的语料信息大多具有趣味性和真实性，易于引发学生的探究欲望，促使他们用英语表达思想感情。同时，由于其具有灵活性，同一个问题可能产生不同的答案和解决方法，这就尊重了学生的个性发展，有利于激发学生的兴趣、发散性思维和创造力。

③ 情境教学法有利于渗透文化意识。

语言植根于文化，文化又反映在语言里，两者互相统一，密不可分。英语教学应当引导学生了解中外文化的差异，培养学生跨文化交际的意识，加强学生的文化修养。情境教学法让学生在具体的情境中感受和学习英语知识，用英语思维去指导行为，较好地让学生了解西方人的说话方式和生活方式，从而与中国进行对比，这是单纯教授语言知识所不能达到的效果。

3. 情境教学法的合理运用

（1）重视课文语境

如今，不少英语教师教案中的教学目标都是从词汇到句型，再到语篇的形式。如能听懂、会读、会说词汇；能听懂、会读、会说句型；能理解故事的幽默之处，初步在……（情境）中运用所学的语言知识。

那么，教师何不反其道而行之，将教学目标设定为从理解故事、学习语篇开始，让学生在语境中顺理成章地习得单词和句型，最后拓展语境，在别的语境中也能运用所学知识。因此，上述教学目标可大致修改为：能找出关键信息，理解故事的幽默之处；能听懂、会读、会说词汇；能听懂、会读、会说句型；能初步在……（情境）中运用所学的语言知识。

在公开课或赛课中，一些教师用心地创设了大量语境教学，却在一堂课后半部分才进入课文语境。这样做虽然也能激发学生学习的兴趣，让学生操练语言知识，但是浪费了课文资源，而且语境比较破碎，不利于学生的整体学习。同时，此种做法增加了备课难度，不适用于日常的课堂教学，有喧宾夺主之嫌。教师可以尝试由课文拓展语境，例如，译林版《英语》五年级上册 Unit 1 Goldilocks and the three bears 一课中，描述了金发姑娘进入三只小熊的家的故事。在进入故事教学前，教师可以让学生初步了解 there be 句型，这样可以帮助他们更好地理解课文。教师可以将金发姑娘在遇到三只小熊之前的生活环境作为语言情境，并向学生发问："金发姑娘和爸爸妈妈住在森林里，森林里会有什么呢？"由此引导学生用"There is... /There are ... in the forest."回答问题。这样做既让学生在情境中练习了语言知识，为课文学习降低了难度，又和课文情境无缝衔接，自然引入，保持了情境的整体性。

（2）运用多种手段创设情境

《英语课程标准》强调课程应从学生的学习兴趣、生活经验和认知水平出发，倡导体验、实践、参与、合作与交流的学习方式和任务型教学途径，发展学生的综合语言运用能力。因此，结合学生注意力集中时间较短的特点，教师应当采用多种手段辅助情境教学。

① 运用实物教学。

美国华盛顿儿童博物馆墙上有一句醒目的格言："我听到了就忘记了，我看见了就记住了，我做过了就理解了。"教师可以运用实物创设情境，让学生直观地了解所学，增强学生的学习体验。例如，在绘本教学 Rubber Head Pencil 中，一位教师叙述了橡皮头铅笔的发明过程后，直接拿出来一支铅笔让学生上台尝试如何将橡皮固定上去，学生在体验之后，更能感受到发明家的辛劳，对课文的理解也会更深刻。

② 运用小组活动。

教师可以多在课堂上通用小组活动的形式来进行情境教学。针对一些开放性问题或者一些比较复杂的活动，教师可以先让学生在小组内讨论，进行充分准备，再向全班汇报。小组活动时，教师应当去探查小组完成的情况，适时进行答疑和指导。

③ 运用辩论赛等其他形式。

教学形式不是一成不变的，不同的文本可能会有不同的教学形式。例如，在故事教学 Duck! Rabbit! 中，原文就是两个孩子在猜测远方草丛里的是一只鸭子还是一只兔子，并给出自己的理由。

一位教师先让学生画出支撑两个孩子观点的句子，分析可以从哪些方面去辩论，可以用什么样的词汇去辩论。之后，这位教师又让学生自己组织语言，上台辩论，并进行总结。这样新颖的形式对学生综合能力的培养是显而易见的。学生不但深刻理解了文本，掌握了语言知识，而且进行了主动思考、大胆展示，形成了积极的情感态度，即初步明白了怎样面对人与人之间的意见分歧等。这也是一种成功的情境创设。

总之，在英语课堂中合理运用情境教学，既能激发学生的学习兴趣，帮助学生有效运用语言知识，发展综合语言运用能力；又能加强学生的跨文化交际意识，提升文化修养，发展创新能力，为进一步学习英语乃至终身发展打下基础。因此，广大教师应充分运用这一教学方法，积极创设与课文相关的情境，采用不同的活动形式，不断进行有益的探索。

（北小红山分校　张松越）

（九）"英"乐之声——让英语课堂活起来

基础教育阶段英语课程的任务是：激发和培养学生学习英语的兴趣，使学生树立自信心，养成良好的学习习惯和形成有效的学习策略，增强自主学习的能力，发扬团结合作的精神；使学生掌握一定的英语基础知识和听、说、读、写技能，提升学生的综合语言运用能力；培养学生的观察、记忆、思维、想象能力和创新精神；引导学生了解世界和中西方文化的差异，培养学生爱国主义精神，并形成健康的人生观，为他们的终身学习和发展打下良好的基础。

小学阶段英语课程教学目标之一就是激发学生学习英语的兴趣，培养他们学习英语的积极态度，使他们建立起学习英语的自信心。而歌曲和音乐的运用将浅显易懂、旋律优美的英文歌曲和英语教学相结合，不仅能激发学生的学习热情，开阔眼界，陶冶情操；而且能引导学生开发智力，增强记忆力，提高听说水平，增加相关的文化知识，达到事半功倍的效果。下面结合实际教学经验谈谈英语歌曲在英语教学中的运用。

1. 在课堂教学中，运用英语歌曲的意义和方法

（1）运用歌曲激发学生学习英语的兴趣

众所周知，小学阶段是学生学习语言的关键时期，而学习的成效很大程度上取决于他们对学习的兴趣。在课堂上，往往未接触过英语或刚接触英语的学生（三年级的学生）兴趣最浓，而在学习英语一段时间后（大约到五、六年级阶段），部分学生丧失了这种兴趣，英语学习成了这些学生翻不过去的一座大山。为什么会这样呢？因为到了中、高年级，英语词汇量不断加大，教学内容不断增多，部分学生没有掌握好记忆的策略，长此以往，生生之间的两极分化就会日益严重。因此，如果教师能在课堂教学中采用各种各样的方法来激发学生的学习兴趣，让学生在轻松愉快的气氛中学习英语，相信一定能大大提升他们学习英语的能力。

小学阶段的学生活泼好动，注意力容易发生转移，但模仿能力较强，爱唱爱跳。因此，在课堂中，如果教师能合理利用英语歌曲来教学，便能带给学生一个活泼、愉快的语言学习环境，使他们在有限的

时间里达到快乐学习、自然习得的目的，也使教学收到良好的效果。音乐是教育的有力工具。在歌曲的学唱中，学生既能感受美的旋律，又能训练语音；既能促进语言的学习，又能受到思想教育。

例如，在上课开始的时候，教师偶尔可以使用歌曲和学生打招呼，即可以运用书上的歌曲"Hello, How Are You?"，也可以使用书本外的歌曲，比方说"Good Morning"和学生进行互动，这样一下子就吸引了学生的注意，把他们带入英语的课堂上。

又如，在教学译林版《英语》五年级下册 Unit 4 Seeing the doctor 的单词时，如果教师一个个机械地带领学生认识、朗读单词，他们肯定不感兴趣。但如果运用"Head and Shoulders"这首歌组织教学，并让学生配上动作，既能激发学生的兴趣，训练学生的快速反应能力，又能让学生熟悉、巩固所学单词，使他们能集中注意力，轻松自如地去学习这些身体部位的新单词。而在教会英语歌曲以后，教师也可以利用这首歌的曲调，让学生试着用学过的词来改编歌曲，然后唱一唱，从而培养他们的创新能力。

爱因斯坦说过："兴趣是最好的老师。"教师在每一节课当中都应当特别关注学生的兴趣和情感，合理地穿插进学生喜欢的英文歌曲，让他们边唱边学，激发他们的学习热情，使他们能始终保持一个良好的学习状态。

（2）运用歌曲来促进学生语言知识的习得和语言技能的养成

① 运用歌曲进行语音教学，培养学生的语感。

众所周知，语音教学是英语教学的一个重要方面。通过语音教学，学生不但可以正确发出新学单词的读音，而且可以进行语言交际。如在教学 b/bi:/这个读音的时候，教师可以利用"Letter B"这首歌曲进行教学，而不需要再特意讲授语音知识，利用歌曲反复吟唱，就能使学生记忆深刻，取得良好的教学效果。

此外，在唱歌的过程中，教师会发现由于缺乏语言环境，学生的发音不太纯正，特别是在略读、连读、重读、节奏、语调等方面容易出错。而这些恰恰是地道英语发音必不可少的。在英语歌曲中连读、重读、节奏等现象十分普遍，因此多唱唱英语歌对训练学生的发音有很大的帮助。

② 运用歌曲帮助学生记单词，增加词汇量。

越是英语学不好的学生越怕记单词，也越记不住单词。而根据艾宾浩斯遗忘规律，学生一开始遗忘得最快，随后遗忘会趋于稳定。教师只有对学生所学的东西进行及时巩固，才能降低遗忘率。如果教师单纯利用文字进行归纳总结的话，学生会感到乏味，从而影响他们的记忆；如果教师利用歌曲来刺激学生的大脑兴奋点，调动他们的情绪和激发他们的想象力，可以收获较好的教学效果。如在教学译林版《英语》三年级上册 Unit 4 My family 的单词时，教师就可以利用歌曲"Family Song"进行教学，也可以利用一些单词卡片和图片展示与歌词匹配的内容，这样在轻松而愉快的歌声中，学生不知不觉就掌握了这些单词的发音。在此基础上，记忆这些单词就变得容易多了。而一些类似的歌曲，教师也能在平时的教学中加以运用，从而帮助学生准确地记忆单词。例如，在教学六年级上册 Unit 2 What a day! 的单词时，教师可以适时引用"The months"，让学生把 12 个月份的名称唱出来；在教学三年级下册 Unit 4 Where is the bird 时，教师则可以用歌曲"Ten Little Indian Boys"来巩固数字 1 到 10 的内容；而在教学三年级上册 Unit 3 My friends 的单词时，教师运用了"Fruit"这首歌及各种水果的图片来和学生对唱，取得了很好的效果，学生既能较快地唱出水果的名称，又能用歌曲中的句子"I love ..."说出自己的喜好。

③ 运用歌曲复习、巩固基本句型。

歌曲里的句子，一般要求相对稳定，这样便于反复吟唱，英文歌曲中所涉及的句型有很多，同时也是很典型的。例如，在六年级的课上，教师可以运用"How Is the Weather?"这首歌，和学生们一边歌唱一边谈天气，从而巩固这个单元的重点单词和句子。而在三年级的课上，教师则使用了"I Am a Music Man"这首歌，并让学生在学会的基础上，改编歌词，利用给出的句型，把学生学过的内容替换上去，然后唱一唱、比一比。在反复吟唱中，学生真正地学会运用这些句型。因此，在歌曲学习中训练句型不仅轻松愉快，效果也好，何乐而不为呢？

④ 运用歌曲练习英语中的语法知识。

英文教学中语法是难点。在教学中，教师运用歌曲辅助句型教学，使之与句型教学互相补充、互相促进，两者密切结合。在句型操练的基础上，学生学习词法和句法，并借助句型操练，提升英语的学习能力。此外，教师也可以运用书本外的歌曲来帮助学生练习各类语法类知识，如"Who Is Wearing Yellow Today?""My Aunt Came Back""The More We Get Together"等。教师利用教唱英语歌曲的方法，引入新句型或复习句型，通过唱歌激发学生的兴趣，让学生在欢乐的气氛中学习和复习知识，使学生的学习取得良好的效果。

（3）运用英语歌曲培养学生的文化意识

文化是语言产生的土壤。在传统的英语教学中，教师往往比较重视语言的外在形式和语法结构，而忽视了语言的文化，使学生难以透彻地理解语言，也难以正确地使用语言。对于一个学习语言的人来说，了解所学语言国家的文化背景是非常重要的，有利于更贴切、更自如地运用该语言。英语作为一种语言，学生不仅要学习其语言，还要融入文化的学习氛围。而英语歌曲本身就是一种文化，它是人类生活、情感的反映。它所涉及的有关文化背景知识，有助于人们了解西方人的生活、思想、历史、社会等。因此，教师恰当地运用英文歌曲能促进背景文化教学，可以使学生从歌曲中学习外国文化及社会变迁的时代背景。在圣诞节的时候，教师可以让学生学一些圣诞歌曲，如"We Wish You a Merry Christmas""Jingle Bells""O Christmas Tree""Ring Ring Ring the Bells"等。在教唱之前，教师可以先向学生介绍有关圣诞节的时间、由来、食物、聚会、圣诞树、圣诞老人、圣诞礼物及人们是怎样庆祝圣诞节的，还可以让学生提一些问题，这样学习的主动性就掌握在自己手里。而在万圣节的时候，教师则可以教学生唱"Trick or Treat"。通过这些歌曲的教学，学生对外国文化有了更深入的了解。正是运用了歌曲这一教学手段，英语教学变得不仅轻松愉快，效果也好，深受学生的喜欢。

2. 运用英语歌曲辅助教学需要注意的问题

诚然，音乐在英语课中的运用，是寓教于乐的良好形式，也是提高英语课教学实效的有效途径。但要注意，只有科学地选用英语歌曲，才能有助于教学。

(1) 运用英语歌曲要注意针对性

① 注意教学对象的针对性。

教师的教学对象是小学生，所以选择的英语歌曲必须适合小学生歌唱，积极向上的英语歌曲对小学生的学习及其各方面的健康成长能起到正面的启发和激励作用，这是其他的歌曲所不能替代的。而英语歌曲的学习也有利于小学生多元智能的发挥，促进其学习的进步。为此，教师可以把英语歌曲中那些原汁原味的、优秀的作品作为重要的教学内容。

② 注意教学内容的针对性。

英语歌曲的选择应根据教学目的来确定，所选英语歌曲内容必须紧扣教学内容，这样有利于学生集中精力，对所学知识起到及时巩固的效果。但需要注意的是，由于小学生的年龄特点，其机械记忆能力强，但在学习的过程中，他们容易缺乏持之以恒的学习精神，所以只有当他们对学习内容感兴趣时，才会主动、积极地去学习。因此，教师在选取歌曲内容时应当有一些生动的情节，而不要简单地把教学内容进行乏味的表述。教师也可以结合教学内容和歌曲内容，设计问题让学生思考或讨论。此外，教师在课堂上运用歌曲的数量不宜过多，以防把英语课变为音乐课。

(2) 运用英语歌曲要注意适切性

教师选择的英语歌曲歌词要简单易懂，单词量不要超出学生现有的知识水平，而且歌曲的节奏不宜太快。每当学唱英语歌曲时，学生无论是在表情上，还是在行为上，都会表现出一种特别愉悦的状态，这一现象说明他们对教材中的英语歌曲有浓厚的兴趣。但是，有时学生对歌曲的兴趣明显减弱，甚至表现出不喜欢的态度。主要的原因包括歌曲的旋律不好听、歌词太难、不易上口。例如，在三年级阶段，学生学过一首名为"Colour Song"的歌曲，但是班级里基本上没有学生能完整地演唱，因为这首歌曲的歌速太快、歌词太紧凑。对于一个刚学习英语几个月的学生来说，这大大超出了他们的能力范围，他们唱不出来，自然就不感兴趣了。在这里，教师不如换一首简单的关于颜色的歌曲，反而能取得更好的教学效果。只有重视歌曲的选择，教师才能保证英语歌曲在教学实践中更有效的运用。

总而言之，英语歌曲不但是一种音乐形式，而且是一种很重要的教育方式。如果教师能充分发挥英语歌曲的教学作用，把英语歌曲与英语教学密切地结合起来，就能创设轻松的英语学习氛围，激发学生的学习兴趣，陶冶学生的情操。这样不仅有利于培养学生对英语节奏的敏感度，培养学生的听说能力，增强学生对字词的理解，还有利于扩大学生的词汇量，全面提高学生的素质。由此，不仅教师做到了寓教于乐，而且学生还真正体会到了学习英语的乐趣，从而提升了英语学习的质量。

（北小红山分校　孙文静）

（十）话题、活动、阅读、写作"四部曲"
——谈小学英语写作教学的有效开展

小学是英语学习的基础阶段，学生在这个阶段学习一些基础的英语知识，培养自身良好的英语学习习惯，为后续深入学习英语做好铺垫。但在传统的小学英语教学中，教师的教学效果并不理想。教学方法单一，多是以教师讲解为主，学生则是被动地接受教师传递的知识，学习压力较大。经过一段时间的学习，学生并没有感受到英语学习的乐趣，甚至逐渐失去学习兴趣。因此，在现代化教学背景下，有效开展写作教学需要教师结合实际转变教学策略，从学生的角度出发设计教学计划，逐步吸引学生参与写作活动，提升学生的写作能力。

1. 结合兴趣爱好，预热写作话题

在传统的小学英语写作教学中，教师往往是结合自己的教学经验开展教学活动的，布置的写作主题也是学生在考试时经常遇到的，其目的是帮助学生能够临场写出高分作文。但这其中很多写作主题并不是学生感兴趣的，一旦学生没了写作兴趣，写出来的作文质量自然不高。而在小学基础阶段，学生对写作的兴趣直接影响其后续的英语写作学习。因此，为了更好地开展后续的教学活动，教师需要从学生的角度出发选择英语写作话题，激发学生写作的兴趣。

例如，教师在给学生进行写作教学时，会提前了解学生的兴趣爱好,如学生喜欢的动画片、卡通人物等,在设计写作主题时就会从这一点入手。如森林里来了一群游客,熊大、熊二需要游客们做一个自我介绍。如果你是熊大、熊二,你会怎样介绍呢?学生几乎都看过《熊出没》的动画片,如果要写这篇作文,学生只需要了解熊大、熊二的性格特点,并掌握自我介绍的写作方式。由于教师将写作与学生感兴趣的动画片进行了结合,学生写出来的作文较之前明显有所进步。

2. 组织实践活动,激发学生写作的欲望

在传统教学中,教师选择的教学在主题方面往往较为理论化,学生缺少相关的学习经验,无法有效地开展写作。而其实学生学习英语的目的是尝试将英语运用到自己的生活实践中,增强与他人沟通交流的能力。仔细研究现有的小学英语教材,可以发现其中有不少的知识点都是与实际生活息息相关的,而教师在教学时并没有有效地利用知识与生活之间的关联,导致学生感受不到英语学习的乐趣和作用。因此,在现代化教学背景下,教师要想提高学生的英语写作能力,有效地开展英语写作教学,可以从课外实践活动中选择写作主题,使写作内容贴近学生生活,从而更好地吸引学生,激发学生的写作积极性。

例如,在了解与动物相关的课文时,教师可以给学生布置一项作业,即让学生利用周末时间和小伙伴一起去动物园游玩,回家后写一篇与动物园相关的作文,并尝试将教材中所学的词汇运用到这一篇作文中。有的学生写道:"There are many animals in the zoo, like tigers, lions, elephants ..."虽然文章较短,只有简单的几句话,但真实地表现了学生在动物园时的所见所闻。这一篇作文,由于与学生的实际生活较为贴近,且为学生感兴趣的内容,很多学生写出来的作文内容较好,逻辑清晰,词汇运用准确。

3. 开展读写训练,提升写作技能

阅读与写作都是小学英语教学中的重要内容,但在传统的教学中,阅读与写作都是作为相互独立的两个部分而存在的。在阅读课时,教师将阅读材料分发给学生,要求学生进行阅读训练。在写作课时,教师布置相关的写作主题要求学生完成,很少会将两者结合起来进行教学。但其实阅读与写作之间有着密不可分的关系。阅读能够锻炼学生的逻辑思维能力和理解能力，保证学生的作文具有内在的逻辑联系；同时阅读还能够为学生的写作提供素材，学生在阅读时可以将相关的词句、实例记录下来，运用到自己的作文中，提高作文的可读性；而写作可以帮助学生更好地理解阅读内容，使学生能够站在作者的角度进行阅读，帮助学生提高阅读有效性。因此，有效开展小学英语写作教学，教师可以将阅读与写作结合起来，通过阅读教学来提升学生的逻辑思维能力和理解能力，使学生可以在自主创作的过程中运用这些知识，从而使写出的文章更有合理性。

4. 随手随心小记，积累写作素材

在传统小学英语写作教学中，教师往往会提前布置作文题目，要求学生围绕这一主题进行写作。但实际上每个学生的生活经历存在差异，遇见的事情也有所不同。有时，教师布置的作文主题学生并不了解，学生写出来的作文内容自然无法令教师满意。因此，有效开展写作教学，教师可以鼓励学生积极写作，利用日记、周记、读后感等形式引导学生随时随地地通过英语将自己遇见的事情记录下来。这样既可以为学生日后的写作提供参考素材，又可以有效地锻炼学生的写作能力，培养学生良好的英语学习习惯。例如，教师可以要求学生每周写一篇日记，每天用一句话记录当天发生的令其印象深刻的事情。之后，学生在进行写作时会时常拿出自己的素材本，从中寻找相关的素材。通过这种方式，学生写出来的内容会更加真实，写作能力也会有一定的提升。

有效开展小学英语写作教学要求教师必须转变传统的教学模式，从学生的角度出发设计合理的教学方式，开展科学的教学活动，通过生活化的写作主题和充满趣味性的写作题目来吸引学生，使学生可以逐渐感受到写作的乐趣，结合阅读提升学生的思维能力，丰富学生的写作素材，从而更好地促进学生写作能力的提升。

（北小红山分校　刘霁）

第四章 探究：基于学科融合的项目学习

一 学科融合的理论分析

朱熹在《朱子全书·学三》中记载：举一而三反，闻一而知十，乃学者用功之深，穷理之熟，然后能融会贯通，以至于此。融会贯通是把各类知识融合起来，以达到对客观世界全面正确的理解。目前，学科融合已成为教育国际化发展的大趋势，是培养学生创新性思维的重要方式。诸多中外学者都提出了各自的观点，美国学者克莱恩指出：学科融合是指受教育者从不同学科维度对核心知识进行建构的过程，重点是学习的主题，从而形成对主题多个角度重构的复杂的心理过程。国内学者陆启威指出：学科融合是多门学科的参与与介入，但不是简单的跨学科教育。学科融合虽然涉及不同学科的参与，但不是几个学科的大杂烩。学科融合要抓住核心学科的本质和特点，拓展合一、总分有序地进行学科相融。

从人类科学的历史发展来看，最早的学科之间并没有明确的区分，所有学科统一于哲学范畴之内，从 15 世纪末开始到 19 世纪初，自然科学和社会科学中的部分学科从哲学中分离出来，到了 20 世纪上半叶最终确立了自然科学、社会科学、人文科学中几门经典学科的独立地位。学科的分化促进了科学的发展，但是单一的学科很难深入研究某一个复杂问题，科学发展又重现了学科融合的趋势。以国外为例，芬兰在 2016 年 8 月实施旨在推进学生综合素养的新课程，在芬兰国家教育委员会批准的《国家基础教育核心课程》中，明确指出"学科融合式教学"是改革的核心，这里的"学科融合式教学"是依据学生生活现象的学习或研究主题，将不同学科的知识进行恰当融合。相当于教师布置给学生一份仅靠单一学科知识或者某种技能无法完成的作业，学生必须思考需要运用哪些学科知识来解决问题。瑞士著名儿童心理学家皮亚杰将学科融合作用分为三个层次：一是多学科。它是两种及以上学科的综合，相邻学科之间没有实质性的相互作用，融合的层次最低。二是跨学科。各学科之间相互关联，会发生相互作用。三是超学科。由不同学科的相互整合组成的一个全新的学科，也就是学科融合。

（一）学科融合的哲学基础

唯物辩证法中的联系观认为，世界是一个普遍联系的整体，事物之间是普遍联系的，而不是孤立地存在的，一切事物均处于相互影响和相互作用之中。同时，事物之间的联系具有普遍性、客观性、多样性，既包括事物和事物内部之间的纵向联系，又包括事物和事物之间的横向联系。例如，地理学科是一门综合性非常强的学科，兼具了人文社会科学和自然科学，包含了很多学科的知识，学科之间的联系非常紧密，这为学生系统地学习知识和形成大科学观提供了条件。地理学科是从空间角度描述世界，而历史学科是从时间角度描述世界，两门学科虽然从不同角度描述世界，但这两门学科之间具有密切的联系。

（二）学科融合的学习迁移理论支持

根据教育心理学中对学习心理的研究，一种学习或习得的经验会对另一种学习或其他活动的完成产生影响，这种现象被称为"学习迁移"，也被称为"训练迁移"。美国教育心理学家布鲁纳把学习迁移放在学习者的整个认知结构背景下进行研究，并提出了相关的理论和见解。他认为，学习迁移就是把学习获得的编码系统用于新的事例。原有认知结构的稳定性、清晰性、概括性等特性都会一直影响新学习的获得与保持。学习者已有的技能、知识经验、态度等会影响他的任何一种学习。国内著名的心理学家郡瑞珍教授说:"凡有学习的地方就会有迁移,因为孤立的、彼此不影响的学习是不存在的。"学科融合也是学习迁移的一种,一门学科的学习或习得的经验会对另一门学科的学习或其他活动的完成产生影响,因此解决一个复杂的问题需要多门学科知识的融合。

(三)学科融合的统觉联合论支持

德国科学教育的奠基人赫尔巴特特别重视历史与文学学科的重要性,主张让学生阅读历史与文学,这样有利于激发学生的学习兴趣。例如,阅读英雄生平的故事,其生活、行为、思想均能提升学生的领悟力与培养他们的品格。赫尔巴特还提出了开设相关的综合性课程,他在《普通教育学》中明确主张:"教学内容不应该按照学科名称分割开来。"他还强调,应该使中心学科的每个部分都包含相关学科作为补充。例如,以研究发现美国新大陆为中心科目,这个科目将有关的历史、地理、绘画、地图、自然、文学、数学等知识与之适当地整合,形成一个完整的教学体系。同时,赫尔巴特认为,单一的、零散的知识学习不利于学生完整人格的形成,他曾在《赫尔巴特文集》中指出:"孤立地从各种角度出发编制广泛的、包括丰富学习内容的课程,对儿童个性是没有什么帮助的。"在赫尔巴特提出的理论体系中,学科之间的融合作用及统觉联合论是其重要的组成部分,也是学科融合理念形成的基础。赫尔巴特提倡从学生的实际情况出发,选择相关的教学资源进行合理的补充,以发展学生多方面的学习兴趣,最终形成完整的人格。赫尔巴特的理论体系为学科融合教学的开展提供了指导。

(四)学科融合的建构主义学习理论支持

建构主义学习理论作为教育心理学的一场革命,赋予了学习新的内涵。首先,建构主义学习理论强调知识的动态性。知识是一种解释或假设,会随着具体的学习情境变化而变化。知识不是以实体的形式存在于具体的个体之外的,学生对知识的理解是基于自己已有的经验而建构起来的,取决于特定的情境下的学习历程。建构主义学习理论认为，学生拥有丰富的经验世界和巨大的潜能，因此在教学中教师应当重视学生已有的知识经验，并以此为"生长点"，引导学生改造、转换、重组、综合其头脑中已有的知识经验，以此来解释新的信息或解决新的问题。此外，建构主义学习理论还强调，学习是通过社会参与而内化的知识与技能，学习者在一定的情境中，通过其他人的帮助，利用必要的学习资料进而实现意义的建构，达到学习过程的终极目标。随着终身学习化社会的到来，教师的终身学习化意识也要随之发生改变，为实现多维的教育目标进行教学，并将知识传播转化为知识学习，不断总结出自己的一套独特的教学方式。同时，建构主义教学观还提倡以学生为中心，学科融合教学应当注重让学生在合作、自主、探究的过程中深化对知识的理解，这样有助于培养学生的独立学习能力。

建构主义学习迁移理论与相关综合课程的提出对学生完整人格的培养和学科融合理念的产生有着重要影响。建构主义学习理论的观点为学科融合教学奠定了理论基础，在教学与学习理念中得以深刻的体现。

（五）学科拓展课程的价值追求

在《现代汉语词典》（第7版）中"拓展"是"开拓发展"的意思；"延伸"是"延长，伸展"的思考。拓展课程注重拓展学生的知识与能力，开阔学生的知识视野，发展学生各种不同的特殊能力，并迁移到其他方面。不同的学者对学科拓展有着不同的认识。例如，江苏省高中语文特级教师崔国明认为，学科拓展是由课内到课外的延伸过程，它实质上是一种教学的迁移。然而，崔国明似乎忽略掉了课内与课外的相互补充，一味地强调课外的迁移。学科拓展中的拓展教育模式起源于探索教育，目的是发展青少年的美德和性格。拓展教育模式在国内也被称为"冒险教育"，它不是让学生冒着生命危险进行学习，而是在安全的环境支持下，鼓励学生敢于学习新方法、新事物，通过不断学习，在身体、情感和智力上进行自我拓展。学科拓展中的拓展性课程最早可以追溯到19世纪，美国学者乔伊斯认为，中小学的课程应包括核心课程、并行课程、支持课程、拓展课程。其中,拓展课程是为了补充核心课程、改善学生的学习与提高其生活质量而存在的。拓展教育模式最早在美国开展,可以追溯到20世纪70年代初的探索项目。该项目是通过开展更多的探索活动,增强团队的凝聚力,培养学生的责任感,并提高教师在教学过程中的组织效率。国内学者谢秀叶认为,拓展教育模式起源于冒险教育,又依附于体验教育,是将冒险教育和体验教育相融合而产生的复杂的学科拓展形式。美国俄亥俄州立大学以探索项目课程为基础,结合劳瑞·弗兰克于2004年发表的论文"Journey Toward the Caring Classroom",并有机融合教师的专业知识和技能,创建了拓展教育模式。以语文学科为例,随着时代的推进,教育事业有了长足的发展,语文课程转向了重视培养学生的核心素养。所谓拓展延伸,就是教师选取教材中的某些关键点,以此为出发点,依据《义务教育语文课程标准(2011年版)》的要求,在教学中通过各个教学环节,充分运用多种教学手段对教学内容进行完善和补充。通过这种方式,教师可以将学生课外阅读与课内阅读相结合,拓展语文学习的空间,充分发挥学生的学习主动性,激发学生学习的兴趣,调动学生各个感官深入阅读之中,并感悟作者所表达的思想内涵。这样,学生能够加深对文章的理解,拓宽语文学习的视野,打破语文学科与其他学科之间的壁垒,积极主动地参与实践,积累语文知识,掌握学习方法,发现学习规律,从而在更广阔的学习空间里发展自己的语文特长和个性。

拓展课程是对于教材、课堂上的某些内容,有目的、有方向地进行拓展,并将其开发成相对独立的一门课程,是学校课程的重要组成部分,对培养学生核心素养具有重要的作用。拓展课程是对教学内容、教学目标、教学手段、评价方式这几方面的拓展。拓展课程以学生为主体,注重学生在自主发展过程中的健康生活与体艺特长,同时将活动、科学、戏剧等融入课堂教学中,做到知识性和趣味性的相互融合,为教师营造良好的拓展课程的实施环境,也有效地提升学生的学习兴趣。

二 项目案例分析

（一）自然笔记：人与自然的彼此共生

自然笔记是什么？

自然笔记就是以图画与文字相结合的自然观察日记。自然笔记实质上是一种科学考察、观察、实验记录。

自然笔记源自克莱尔和查尔斯这两位美国著名的自然观察家、艺术家、教育家。《笔记大自然》就是他们以日记的形式书写大自然的入门书。他们用两种指尖艺术——书写与绘画，来传递大自然的色彩与神奇。同时，《笔记大自然》一书还提供了一种轻便、有趣的途径，让各个年龄段的学生都能找到属于自己的地方和风景。

北小红山分校是国际生态学校、全国环境教育示范学校、全国基础教育特色学校、江苏省绿色学校、南京市园林式校园。学校巧妙地利用地域优势，积极打造适合学生生活的生态校园，制定综合园林校园规划，打造"一路十园"的校园景观，植有花木82个品种、42 000余株，绿化覆盖率达41.2%。同时，学校还成立了"物候观察"小组，在三至五年级的学生中招募小组成员。"物候"这个词第一次出现在学生面前时，他们对这个词充满了好奇。"物候观察"成为学校"物候童趣"课程中不可或缺的一部分，教师也尝试着让学生去观察身边的自然景观和植物，并通过自己的方式，书写出自己的自然笔记。

然而一开始，学生书写的内容不太像自然笔记，也没有附上说明性文字。在学生的自然笔记中，存在以下几点问题：

第一，学生只观察和记录自己认识的动植物或自然现象。

第二，学生将知识百科中的内容摘抄下来作为自然笔记。但这种记录形式更像是手抄报，而不是自然笔记。

第三，词组多而句子少。在自然笔记中，学生应当尽量写完整的句子，尽可能少写词组。

第四，图画美感过度，而内容不足。许多学生有较好的美术功底，因而在作品标题美化、段落边框上花费太多时间和精力，文字内容反而比较单薄。

从这四份学生的自然笔记（图4-1）中，我们可以看到他们对色彩的运用较好，绘画功底也不错，但是对事物的文字介绍则明显不够细致。因此，这四份自然笔记都不能算是完整的自然笔记。而一份完整的自然笔记需要具备七项要素：时间、地点、天气、记录人、主题、文字和图画。

图4-1　部分学生的自然笔记

其中，时间、地点、天气、记录人四项是科学记录的基本要素。在科学实验记录上，尤其是生物领域的记录上必须有这四项基本要素。文字和图画是自然笔记的主体，应当尽量客观描述。而上述四份自然笔记恰好缺少时间、地点、天气、记录人四项基本要素。

学生在了解这些基本要素之后，接下来的观察记录相比之前有了较大的改善。

下面两份自然笔记（图4-2）中，既有时间、地点、天气、记录人四项基本要素，又有比较清晰的文字介绍，而且设计也比较合理、美观，属于比较完整、科学的自然笔记。

自然笔记活动是一种教育活动，对自然笔记的评价应当是以自然笔记为依据的教学效果评价。一份优秀的自然笔记，除了具备七项要素之外，还须主题独特鲜明；对自然现象的描述客观真实；提问、思考、推理、科学探究的过程具体严谨；以图文结合的形式进行的记录准确科学；版式设计合理美观；等等。

图 4-2　部分学生改善后的自然笔记

不同学段自然笔记的要求不同，不同年龄的学生认知发展水平不同，自然笔记的深度也不同。

在三年级阶段，学生能发现一些自然现象的变化，并尝试去思考、解释。学生的绘画能体现自然物的主要特征。结合的主题是"春日植物"。

在四年级阶段，除了要记录自然界中的所见、所闻、所想之外，学生还要观察细致、全面，记录下感官和自然的关系。结合的主题是"节气"。

在五年级阶段，学生要观察植物的物候变化，用更加科学的方式做好记录。结合的主题是"诗词中的春天及环境问题等"。

书写四季物候观察册，是教师给学生一个模板去记录下身边的自然现象，并以观察植物为主。教师指导学生在这个季节、固定的地点对固定的植物进行观察，并记录下植物的变化过程。植物可以是校园里的，可以是小区里的，可以是放学路上的，也可以是公园里的。教师可以鼓励学生用他们能想到的方式、文体去写。文体既可以是散文或者是诗歌，又可以是随笔或者感悟。

在制作自然笔记时，教师可以建议学生尽量做到以下四点。

第一，准备资料。教师可以让学生准备一个速写本或画夹、绘图铅笔或彩铅、水性笔、放大镜、小镊子、小瓶子、小网兜等。最重要的是，学生及其家人都要拥有一颗奔向大自然的好奇心。千万别把自然笔记当作学习任务，而是一次愉快的野营或旅行。

第二，制订计划。大自然奇妙非凡，制作观察笔记要设定一个目标。究竟是去数小区里的树，还是去捡公园里的落叶；是去抓野外的秋虫，还是去赏花园里的金菊。教师可以引导学生先进行讨论，再查阅资料，然后制订一个大致的计划，最后去实施。

第三，细心观察。自然笔记的观察时间应该比制作时间更长，也更重要。到达一个地点后，千万别急着动手做笔记，而是先来一次安静的观察——不管是静坐还是漫步，用心去感受自己的四周，这样更容易找到自然笔记的灵感。看落叶枯草，听秋虫私鸣，摸树皮石块，尝鲜果甜瓜。四季的更替带来了万物的变化，教师可以鼓励学生用不同的视角去观察他们心目中的大自然。学生既可以拿着纸笔记录和绘画，又可以将落叶粘在纸上，把秋花夹在纸间。需要提醒的是，做自然笔记的时候需要格外注意安全，一些漂亮的果实可能含有毒素或者被喷过农药，不能轻易去品尝；对那些不了解的动物及其遗留物，不要随便去触摸，以免发生危险。

第四，制作笔记。回到家里，学生可以先总结一下观察到的事物，然后在父母的陪同下共同完成自然笔记的制作。学生要带着自己的独特感受，注意文字记录的准确性、图画的延展性、设计的合理性。

学生根据自己的自然笔记，可以适当做些自然研究。如查找自然图鉴，找到某种植物、鸟儿或昆虫的名称；查阅地图，弄清楚自己当时所在的位置；与朋友交流，发现新的灵感；等等。

自然笔记，需要学生用心去感受自然的美好。自然笔记不仅可以帮助学生理解自然、尊重自然、欣赏自然，也可以让学生愉悦身心、提升能力，从而达成人与自然的彼此共生。

（北小红山分校　张田砲）

（二）花样跳绳：一根绳子跳出精彩人生

学校确立"和美生态，优质红小"的办学目标，积极创造适合儿童学习、生活的生态校园。发展学生核心素养是落实立德树人根本任务的一项重要举措，学校十分注重学生的全面发展，以《国家学生体质健康标准》为依据，认真开展大课间活动和"阳光体育节活动"等，不断加强学校的体育工作，保证学生每天在校锻炼1小时。学校以校本课程研发的形式，坚持开展以花样跳绳为主要项目的阳光体育模式，推动学校的体育文化发展，努力培养学生终身体育锻炼的习惯。在2019—2020年全国跳绳联赛中，学校的花样跳绳队获得佳绩（图4-3）。

图4-3　花样跳绳校队参加全国比赛获得佳绩

1. 发现问题：办学特色显著，体育特色不明显

学校办学特色显著，尤其是生态教育和出色的德育工作，但学校的体育工作在强手如云的南京市玄武区各校中特色并不显著。

（1）师资力量

学校体育组内有6位教师，其中专职教师4位、外聘教师2位。体育教师团队中的在职教师只有3位，其中1位为区聘，在职教师还需兼职学校其他行政工作。学校的体育教师团队存在在职比例偏低、队伍年轻化、缺乏骨干引领、师资力量偏弱等问题。

（2）场地设施达标

学校占地面积为14 100平方米，现有24个教学班，在校学生人数为954人，拥有1块200米塑胶田径场、1个室外塑胶篮球场、1个室外健身器材区、1个室内体育场地、1个中厅活动场。学校体育场地规范，体育设施比较齐全。

（3）优质特色不显著

学校现有大课间活动包括广播操、动物操、韵律操、体育课、体育社团活动、特色大课间活动。学校比赛包括三跳一踢、春季运动会。特色大课间活动包括花样跳绳。体育社团活动包括花绳、足球、篮球。其余优质社团活动不突出，高级别获奖偏少。

在这样的条件下，学校也在慢慢地摸索，分析自身的特点，找到自己的优势，确定符合自己特色的体育项目，在特色的体育项目的引领下，促进体育工作的开展，进而取得了一些成绩。

2. 从课堂教学开始，教学研修磨练教学能力

体育教学是学校体育教育的核心，体育教师的素养对教学质量有着重要影响。因此，体育教师应具备"四能"，即教学能力、指导业余运动队训练能力、组织大课间和体育竞赛能力、体育教研能力。

由于体育工作的专业性和特殊性，只有长期不断地开展教研活动才能促进教师的专业成长，各项教研活动是体育组教师提升自身素质的良好途径，也是促进学校体育工作的良好保障。

（1）校内教研

多年来，学校的体育教研活动开展得愈加规范，每学期初体育组教师申请本学期的体育教研课，平均每人1~2节。体育组教师去听课研讨，填写"深呼吸课堂"听课反馈表，交予教导处。每月，体育组教师进行工作汇报，并领取教研课证书。每周一的升旗仪式结束后，体育组教师要集中进行集体备课，并研讨本周学校体育组的各项工作。

（2）联校教研

学校还和周边的学校建立了体育教研联盟，开展教研课，组织体育教师进行集体备课。例如，2012—2013年学校与南京市立贤小学开展为期1年的联校教研。此外，学校还与铁北片区的学校形成体教研联盟，并组织体育组教师就某一主题进行深入的交流和学习，学习的内容全面深入，实用性强，对学校体育工作的开展大有裨益。

（3）手拉手送教活动

学校的教研活动还走出区外，在南京市教育局的牵头下，学校多年来和淮安市凌桥中心小学、南京市六合区玉带中心小学、伊宁市第

八小学等校建立了手拉手教学联盟，同时校际之间经常进行教学研讨和交流，体育组教师也多次走访这些学校进行参观和学习。

（4）江苏省联盟校教学研讨

2016年，学校加入了江苏省联盟校，2017年在句容市实验小学举行的省联盟校活动中，学校体育组教师参与了本次活动，近距离向名师学习，受益匪浅（表4-1）。走出去，请进来，让体育组教师了解到不同地区体育教学工作的特色，以便更好地取己之长，补己之短。这为教师本身的专业成长提供更多的渠道，对学校的工作也带来更多的思考。

表4-1 江苏省联盟校"善学——我们的教学主张"研讨活动安排表

12月7日 12:50—13:10 全体参会人员集中报告厅举行开幕式							负责人:张良成
日期	午别	学科	执教及讲座者	时间	班级	授课及讲座内容	地点	负责人
12月7日	下午	美术	联盟校教师 吴海燕	13:20—14:00	四(1)班	《水墨改画》	国学馆	李康
			实小教师 孔德静	14:15—14:55	三(6)班	《形形色色的人》		
			特级教师 贾方	15:05—15:45	四(6)班	《冷色和暖色》		
12月8日	上午		实小教师 罗先云	8:30—9:10	四(2)班	《老房子》		刘晓萍
			联盟校教师 张涛	9:20—10:00	三(7)班	《动物明星》		
			上课教师	10:10—10:50	上课教师说课,特级教师点评			
			特级教师 贾方	11:00—11:40		讲座《教材与教学》		
	中午			11:45 午餐			食堂	肖群
12月7日	下午	体育	实小教师 俞蓉	13:20—13:50	二(1)班	《脚弓推球 游戏》	操场	吴锋
			联盟校教师 仲召弟	14:00—14:30	五(1)班	《花样跳绳》		
			改革联盟	14:40—15:20	待定	待定		
			改革联盟	15:30—16:00	待定	待定		
12月8日	上午		特级教师 魏伟	8:30—9:10	三(6)班	《无器械障碍赛跑 集体舞:铃儿响叮当》		孙彪
			特级教师 魏伟	9:20—10:10		讲座《体操类活动:韵舞教材教法》		
	中午			11:45 午餐			食堂	肖群

(5) 体育家庭作业之我见

在各种形式的教学研讨活动中，学校体育组教师也学到了一些非常优秀的做法。例如，在一次青年教师的教学研讨活动中，体育组教师学到了其他学校教师布置体育家庭作业的做法，并开始实践。自2014年以来，学校坚持布置家庭作业，跟踪指导体育课堂外的学生运动，这对培养学生终身体育意识、增强体质都是非常好的途径。

学校的体育组教师坚持布置体育家庭作业，并不断地改进方式方法，充分利用现代的科技手段监测学生的学习数据，如智体1号在学校的推广和使用，得到了广大师生的好评。

3. 精准发力，突出核心特色

（1）成立社团

学校成立了花样跳绳社团（图4-4）。经过半个学期的社团学习，社团的学生在学校运动会上展示了自己的学习成果，并受到了全校师生的关注。于是，学校趁热打铁，在校内普及花样跳绳活动。

（2）全校普及

2017年下半年，花样跳绳在全校范围内进行了推广。体育组教师买绳子、分场地、编队形，引导学生制订学习计划。一个学期

图4-4 花样跳绳社团

下来，花样跳绳大课间活动初具规模，其内容丰富，涵盖绳操、双人配合跳短绳、长绳游戏等，形式多样，颇受学生的欢迎。

（3）成立校队

学校还组建了校花绳队，聘请专业的教练对队员进行训练，同时体育组教师也一起学习。目前，校内共组建了2支队伍，梯队建设机制越发完善。校队每年参加全国、省、市、区各项比赛，均获得优异成绩，获得社会的广泛关注。校花绳队的队员在长期的学习过程中，编排了一套颇具特色的专业舞蹈。

（4）比赛获奖

目前，校花绳队形成了全校学习的热烈氛围，具有良好的学生基础。2018年3月31日，校花绳队参加了上海市青少年体育俱乐部联

赛，并参与了男子 30 秒速跳、女子 30 秒速跳、集体套路、交互绳等多个项目，其中多名队员在个人单项比赛中拿到名次，全队在集体套路项目比赛中几乎零失误，拿到了第二名的名次，团体获得了二等奖。2018 年 10 月，在江苏省首届花样跳绳公开赛中，校花绳队中有 12 人获奖。2019 年 5 月，在全国花样跳绳比赛（安徽亳州站）中，有 40 人获奖。2019 年 11 月，在江苏省第二届花样跳绳公开赛中，有 20 人获奖。2019 年 11 月，在全国花样跳绳比赛（浙江乐清站）中，有 62 人获奖。

（5）梯队建设

学校二、三年级的学生与五、六年级的学生成立了两支校队，每支校队每年会代表学样参加相应的等级比赛。

4. 承办市、区级体育教研活动，花样跳绳扩大影响力

2018 年 5 月 8 日，在区级教研活动中，学校展示的是花样跳绳大课间活动，一、二年级的学生展示了动物操，三位体育教师上了三节展示课，花样跳绳校队的队员展示了精彩绝伦的表演。

2019 年 10 月，南京市小学体育教研活动在北小红山分校举办，学校三位教师上了三节公开课，深受好评，学校的两支花绳队也进行了特色展示（图 4-5），全校的花样跳绳大课间活动进行了两次改编，并进行了特色展示。当天，来自南京市鼓楼、栖霞、六合、江宁等区的教师共 200 余人观看了学校组织的活动，并给予较高的评价。

图 4-5　学校两支花绳队进行了特色展示

这两次市、区级教研活动的成功举办，推进了学校体育工作的顺利开展。以学习促研究，以研究促发展，这边是北小红山分校的办学追求。

5. 特色项目带动其他体育工作的推进

特色项目的开展，扩大了学校体育工作在市、区的影响力，推进了学校体育教育工作的顺利开展，也促进了学生的全面发展。例如，2019年学校女子篮球队在南京市玄武区校园篮球比赛中获得第二名的佳绩，并被推荐参加南京市校园篮球比赛，获得了二等奖。

2020年，学校被评为南京市体质监测先进学校和全面篮球特色学校。2021年，学校的篮球队在南京市玄武区校园3vs3篮球赛男子组、女子组、教工组中分获一等奖。

自2016年学校举办首届春季田径运动会以来，至今已经连续举办了4届。学校田径运动会深受学生和家长的喜爱，在开幕式上花样跳绳、啦啦操、舞蹈等社团项目的精彩展示及各个班级的创意节目也成为当年校园内的热点话题。运动会上，比赛项目齐全、组织有序，在社会上形成了一定的影响力。

通过不断的努力，学校体育各方面的成绩有了新的变化，学生的体质得到了提高，阳光体育工作也得到了领导和学生的肯定。

（北小红山分校　仲召弟）

（三）生活与数学：于生活中发现数学的精彩

1. 数学与生活拓展课程背景

（1）基于学生学习的需要

著名数学家华罗庚曾指出："人们对数学产生枯燥无味、神秘难懂的印象，原因之一便是脱离实际。"数学的抽象性特征容易让学生对数学望而却步，而小学阶段的学生正处于爱玩和对生活充满好奇的时期。为了克服数学抽象性与学生思维具象性这一矛盾，在小学数学教学过程中，教师应该从生活实际出发，把教材内容与生活内容有机结合起来，让学生能从周围熟悉的事物中学习数学和理解数学，体会到数学就在身边，领悟到数学的魅力，感受到数学的乐趣。学校开发校本课程时，选取的素材总是源于生活，立足于教材，但又高于教材。教师应灵活选取贴近生活的素材，通过调查研究，关注学生对课程设计的兴趣度，以学生全身心投入课程学习为宗旨。

（2）基于《数学课程标准》的要求

在新课程教学改革的过程中，《数学课程标准》为小学数学教学指明了方向，提出了更高的教学要求。在小学数学的课程文化建设过程中，学校作为主要的教学阵地，应当发挥自身的作用，开发校本课程。以学校为本位，由学校确定课程，与国家课程、地方课程相对应。校本课程的构建，可以有效地提高学生的综合素质，对学生的发展有着积极的作用。

（3）基于学校课程文化建设的推进

学校课程文化建设是实现学校内涵发展、整体发展、可持续发展的助推器，校本课程的研究和开发，能有效地提高教师的课程领导力，提升学校的办学品位，形成学校教育教学的特色。教师是学校课程文化建设的实践者、开拓者。在推进学校新绿芽课程发展的过程中，教师应当把生活中的资源引进数学教学，并进行数学实践活动。事实上，教师将学生的生活、数学学习结合起来，有利于激发学生生活的情趣与数学学习的兴趣，提升学生对生活、对学习的积极性，培养学生积极的情感态度。

2. 生活与数学课程实施意义

（1）提高学生的学习积极性

在新课程改革的大环境下，教师在教学中不能只传授教材中有限的知识，还要注重培养学生的运用能力，促使学生能够将所学的知识运用到实际生活中，解决相关问题。对于数学这门课程来说，在我们的实际生活中处处有数学的影子，教师在实际教学过程中要善于融入生活化的元素，引导学生认识到学习数学的重要性，引导学生利用数学思维去看待生活中的问题。尤其是小学阶段的学生，他们的自制力较差，往往在枯燥的数学课堂学习中容易出现走神的现象，或者是在枯燥的数学课堂中失去学习的兴趣。教师须将学生所熟知的生活元素融入数学教学活动中，将学生的注意力充分吸引到数学课堂学习中，激发学生学习的兴趣，促使学生在这样的氛围下积极主动地参与到数学课堂教学活动中，以此顺利开展数学教学活动，使学生在这样的氛围下得到实践与理论相结合的学习成效。

（2）有利于增强学生在数学实践应用中的能力

当前，社会对人才的需求不仅仅是技能，还有人才的思维与创新，所以教师在新课程改革的大环境下不但要传授学生基础知识，而且要注重培养学生的实践能力与思维能力。对于小学数学这门课程来说，教师在传授学生数学基础知识的过程中，还要教会学生举一反三，运用所学的数学知识解决生活中的数学问题，并形成数学思维。教师在日常教学中可以融入生活元素，将数学理论与学生所熟知的生活常识有机地结合到一起，促使两者相辅相成，让枯燥的数学课堂变得趣味十足，促使学生学会利用所学的数学知识解决生活中的数学问题。

（3）有利于小学数学教学内容的丰富和发展

数学源于生活，小学数学教材中的很多知识点和内容都来自我们的实际生活，但是教材中所收录的内容毕竟有限，也不能完全满足当前学生的兴趣爱好。此外，由于学生的年龄偏小，他们的认知水平与学习能力相对较弱，这就需要教师在开展数学教学活动的过程中，必须根据学生的心理特征选择他们所喜欢的内容，并将学生所熟知的生活元素融入日常教学中。这样不但可以增加课堂教学的趣味性，而且可以提高学生学习的参与度。

3. 生活与数学课程实施方案

（1）联系生活，应用数学

小学数学教材中有一些实践性较强的数学知识，教师可以为学生提供生活化的舞台，把课堂教学的主阵地从教室转移到室外，让学生处于实际环境中去认识新知、应用新知。例如，在教小数时，教师可以领学生到商店去了解各种商品的价格，观察商品的标签，了解小数在日常生活中的应用。在教实际测量时，教师可以带领学生拿测量工具到操场上去测量两点之间的距离，并组织学生利用步测的方法来计算操场的面积；在教百分率时，教师可以带领学生走进工厂、超市，了解出粉率、出油率及产品合格率；在教统计知识时，教师还可以让学生搜集数据、整理数据、呈现数据、分析数据。

案例:"大蒜生长记"

一、活动背景

五年级学生在学习了折线统计图之后,教师安排了生活与数学拓展课程"大蒜生长记"。该课程有助于引导学生积极思考、主动学习、发展智力、培养能力,从而全面提升学生的数学素养。教师主要采用教学日记的形式,引导学生记录大蒜生长的过程,并对活动的收获与体会进行反思,这是一种有效的教学研究方式。

二、活动目标

① 使学生通过实验、统计,了解蒜叶根须和叶片的生长情况,认识在阳光下和房间里蒜叶生长的相同点和不同点;引导学生正确地收集数据,用折线统计图表示数据,通过调查、记录、比较数据获得问题研究的简单结论。

② 让学生参与蒜头发芽实验和测量、统计、数据分析等活动,掌握实验研究问题的方法,进一步体验数据统计活动的过程及统计数据的作用,积累数学活动经验,并发展数据分析观念。

③ 使学生进一步了解日常生活中的数学问题,产生学习数学的兴趣;让学生感受实验研究的科学性和数学结论的严谨性,培养认真观察、测量和记录数据的习惯,以及实事求是的科学态度,并获取成功得出结论的体验。

三、活动对象:五年级

四、活动时间:3—4月

五、活动内容

① 亲自体验种大蒜的全过程,掌握科学的种植方法,体验劳动的乐趣。

a. 学生向家长询问或上网搜索关于种植大蒜的方法。

b. 注意观察记录放在阳光下与放在房间里两盆蒜的蒜叶生长差异，注意观察记录根须与蒜叶的生长差异。

c. 学生亲自剥大蒜头，动手种大蒜，浇粪，观察大蒜的变化，写观察日记，用照相机拍下活动过程和大蒜的成长照片，看着大蒜经过细心的照料慢慢长大，体验劳动的苦与甜。

② 整理材料，进行汇总，制作成"蒜叶的生长"折线统计图、数学日记、摄影图片。

③ 收获大蒜，用大蒜做一道菜，全家感受收获的喜悦。

④ 对本次活动进行评价，采用自评、组评、全班评等形式。

六、活动过程

1. 填写实验记录，收集实验数据

实验记录单是实验过程中收集数据的重要载体，教师通过督促学生填写实验记录单，让学生有一种任务感，从而促进学生坚持开展实验。同时，在数据记录的过程中，学生自然而然地感受到大蒜的生长变化过程，从而提升开展实验的兴趣和动力。（图 4-6、表 4-2）

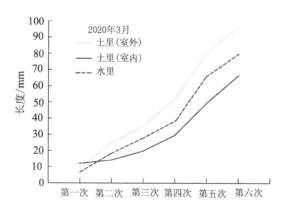

图 4-6　蒜叶生长情况折线图

表 4-2　蒜叶生长情况统计表

单位/mm	第1次	第2次	第3次	第4次	第5次	第6次
土里（室内）	12	15	20	30	50	66
土里（室外）	10	25	35	52	80	95
水里	9	18	28	39	65	79

2. 书写日记，记录实验过程

通过日记的形式，记录实验的过程，这也是保证实验有效推进的一种方式。学生用文字记录大蒜生长的情况，描述不同的环境下大蒜的生长状况，分享自己在实验过程中的心情和感受，提出自己对实验的判断、调整等。在文字记录和相互传阅的过程中，学生的实验体验得到了丰富，实验结果也得到了验证。

例如，学生在日记里写道："通过这个有趣的小实验，我们不难发现，大蒜不管是在水里还是在土里，都能生长。但是大蒜长得又快又好的条件是有阳光和水。在水培的后期，大蒜虽然长得快，但是明显跟豆芽似的，缺少'精气神'。"这让人联想到，学生除了平时认真学习新知识之外，还需要充足的户外运动，才能让身体变得强壮、健康。（图 4-7）

图 4-7　学生在日记中分享的大蒜生长图

3. 分享实验照片，提升实验热情

在实验过程中，教师建立了QQ群，以方便学生学习和交流。学生用照片记录下实验的情况，并及时在群里和大家分享，有时还写上自己简短的实验心得，供其他同学阅读。例如，有学生谈道："通过这次活动，我明白了一个道理，遇事不能随意猜测，实践才能出真知。在生活中，我们要养成处处留心的好习惯。"

又如，有的学生通过图文并茂的形式，引用梁启超的语录："科学的根本精神，全在养成观察力。"分享交流给实验注入了丰富的情感，这种形式的分享既积累了实验资料，又记录了学生实验中的心情，更为重要的是，学生在相互晒图的过程中，激发了实验的热情，从而保证了实验的有效进行。(图4-8)

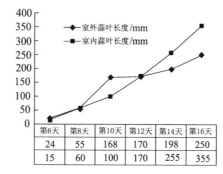

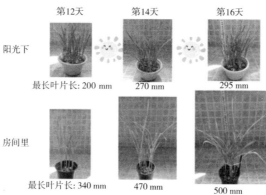

图4-8　学生记录的蒜叶生长报告

（2）走进生活，玩转数学

生活与数学的联系不应当仅仅局限于对所学数学的应用上，还体现在学生对数学的理解和创新上。学校在全体学生中开展"玩转数学"活动，学生、家长、教师纷纷踊跃参与，目的是培养学生能用数学的眼光观察世界，能用数学的思维分析世界，能用数学的语言表达世界。

在家长的积极配合、教师的悉心指导、学生的积极参与下，涌现出一大批的优秀作品。以下是有关生活与教学的部分优秀作品目录（表4-3）：

表4-3 有关生活与数学的部分优秀作品目录

学校	年级	姓名	优秀作品
南京市红山小学	一年级	候靖航	有趣的水杯
南京市红山小学	一年级	邹钰瑶	好吃的灯笼果
南京市红山小学	二年级	葛子凌	回家的路
南京市红山小学	二年级	张岂畅	读懂"商品包装袋"上数字的含义
南京市红山小学	二年级	韩午铭	一人一半刚刚好
南京市红山小学	三年级	蔡一鸣	数学与生活
南京市红山小学	三年级	李沁橦	旅行出行方案比选
南京市红山小学	三年级	万芝文	国庆阅兵中的数学
南京市红山小学	四年级	冒晴溟	论夏天穿什么颜色衣服更凉快
南京市红山小学	四年级	马佳寅	一种实用改良型老年人艾灸装置
南京市红山小学	四年级	张瀚淇	我最少考几分
南京市红山小学	四年级	顾益铭	阅兵中的数学奥秘
南京市红山小学	四年级	高柔嘉	数学帮帮我之我的"小九九"
南京市红山小学	四年级	周梓宸	和时间赛跑——时间统筹在生活中的应用
南京市红山小学	四年级	王安喆	撒豆成兵
南京市红山小学	五年级	施亦宸	国庆阅兵中的行进方队
南京市红山小学	五年级	王雅鱼	促销的学问

续表

学校	年级	姓名	优秀作品
南京市红山小学	五年级	陈维钦	算"24"点
南京市红山小学	六年级	斯唯	巧求水中体积
南京市红山小学	六年级	徐文楷	棋盘中的数学
南京市红山小学	六年级	余文瀚	垃圾分类
南京市红山小学	六年级	徐子翔	数学天池
南京市红山小学	六年级	王雨萱	数学与生活

4. 收获与反思

生活与数学拓展课程的实施，具有以下三大作用。

第一，培养学生发现问题、分析问题、解决问题的能力，发展学生的自主性和创造性。学生的学习活动是基于发现问题、解决问题的一种活动，生活与数学拓展课程能有效地增强学生的问题意识。这个课程不受课本的限制，也不受教师的束缚，是学生综合运用所学的数学知识，大胆进行尝试，独立对问题进行探究的活动过程。它有助于培养学生发现问题、分析问题和解决问题的能力，发展学生的数学素养和创新能力。

第二，培养学生的动手实践能力，激发学生学习数学的兴趣和丰富学生热爱生活的情趣。在课程实施过程中，教师要引导学生进行大量的动手实践。心理学研究表明，这样的活动能开启学生的心智，激发学生学习数学的兴趣，发掘学生学习数学的潜能。由于知识的获得是学生努力探究的结果，所以它能让学生充分体验成功，有利于学生对数学产生浓厚的兴趣。通过实践活动，学生可以更多地从生活中获取数学知识、增长数学才能，还可以把学到的知识与技能应用于生活，从而体会到数学的魅力，更加热爱数学、热爱生活。

第三，帮助教师了解学生对数学学习的情感，有利于教师反思教学、改进教学。教师可以在活动中看出学生对数学学习的态度、信念、挫折感和成就感，在了解学生的基础上去反思和改进自己的教学方法，进行师生之间的交流，建立友好的师生情感。

在生活与数学拓展课程实施过程中，教师感受最深的就是学生的参与热情。教师让学生积极主动地参与到课程中来，激发他们的潜能，这个活动才可能取得预期的效果。教师开展生活与数学拓展课程的目的也在于提高学生学习的积极性，让学生变被动学习为主动学习。对学生来说，最大的意义是参与，只有参与到活动过程之中，学生的能力才有可能得到提高。

（北小红山分校　陈文）

（四）云霄飞车：STEM 项目开发实践案例

STEM 代表科学（Science）、技术（Technology）、工程（Engineering）、数学（Mathematics）。STEM 教育就是将科学、技术、工程和数学结合起来的跨学科融合教育，促进学生完成对科学、技术、工程、数学等多方面知识的综合运用，有利于促进学生跨学科综合素养的培养和提升，有利于激发学生对各个学科知识的学习兴趣，也有利于加强学生的主观能动性。

案例：STEM 项目开发实践

一、活动目标

科学（S）：探究重力势能与动能之间的转化在过山车中的应用，探究离心力与向心力在搭建过山车中的应用，扩展思维使过山车结构更多样。

技术（T）：能够具备设计搭建过山车的能力；能够具备处理加固、增强过山车稳定性的能力；能够具备工程绘图的能力。

工程（E）：能够完整地按照设计图完成过山车的搭建；能够解决在过山车轨道搭建、增强过山车稳定性中出现的工程问题；能够在搭建完成后测试过山车的运行效果。

数学（M）：认识过山车垂直回环直径、水平回环直径与动力之间的关系，释放高度与各个回环直径的关系；利用数学烙饼问题中的方法缩短搭建过山车的时间。

二、材料清单

基座、木质底板（60厘米×80厘米）、100厘米PVC管、钢珠、螺丝、3米软管4根、V型梁、横梁、立柱卡子、轨道夹子、伸缩梁。

三、活动内容

（一）课堂导入

① 观看《迪士尼乐园过山车》视频，感受过山车在回环中穿梭的奇妙，引发学生思考如何利用软管设计搭建自己的过山车。

② 学生自由结组，4人为一组，研讨设计搭建过山车的计划。

③ 小组汇报设计搭建过山车的计划，教师要引导学生明确主要任务：探究过山车的原理、探究过山车的结构、探究提供的材料各有什么作用、设计搭建过山车、测试改进过山车等。

④ 引导学生思考如何对小组设计和搭建过山车的计划进行评价，从而对本组设计搭建过山车的计划进行修改，使学生在讨论中树立对过山车工程结构、过山车搭建材料的节约性、过山车设计的合理性进行评价的观念，提升科学原理、技术素养、动手能力、工程素养、探究精神等多方面的科学素养。

（二）探究活动

1. 探究活动一：过山车原理

① 利用斜坡轨道探究钢珠在过山车中的动力。（要点：当小球从不同高度滚下时，下滑的速度有什么不同？小球滑到对面斜坡的高度有什么不同？研究小球下滑的高度与下滑的速度之间的关系、小球下滑的高度与滑到对面斜坡的高度之间有什么关系。）

② 利用旋转水桶实验探究钢珠如何顺利通过垂直回环轨道。（要点：水桶里装半桶水，系好绳子，慢慢地让水桶旋转

起来，努力让水桶里的水不洒出来，注意绳子和水桶旋转速度的变化。)

③探究钢珠如何顺利地通过弯道而不会脱离轨道。(要点：如何利用轨道倾斜度让钢珠自动转弯而不会脱离轨道？探究钢珠过弯道的速度与轨道倾斜度的关系；探究钢珠过弯道的速度与弯道直径的关系。这一环节的探究是设计过山车的关键，教师要充分尊重学生的想法，在他们不断地思考、表达、辨析中，聚焦过弯道的速度与向心力的关系。)

2. 探究活动二：过山车结构的研究

①将各种各样的过山车实物照片在教室内展示，学生通过观察、讨论、发现过山车的基本结构。(要点：你见过哪些过山车？所有的过山车有没有共同的特点？)

②引导学生思考过山车的构成部分及其作用。(要点：要搭建一个完整的过山车，有哪些必不可少的构成部分？这些构成部分各自的作用是什么？教师要引导学生认识到在一个基本的过山车构造中，包含爬升、滑落、倒转等动作，其轨道的设计可以是一个完整的回圈，也可以是平行方向的来回移动。在过山车轨道设计中，钢珠在最高点自动滑落，重力势能转化为动能。在钢珠过弯道时，弯道要有一定的倾斜度，给钢珠足够的向心力。钢珠在进入垂直回环前要有一定的速度，速度是由重力势能提供的，也就是轨道要有一定的落差。过山车轨道的设计不是一味地向下，而是可以通过动能转换为重力势能抬升轨道高度，使过山车轨道更加多样化。此外，还要考虑弯道直径、垂直回环直径与钢珠速度的关系，而且无论怎样的轨道结构都要为钢珠提供一定的向心力。)

3. 探究活动三：过山车材料使用的探究

①引导学生探究使用V型梁、立柱卡子、横梁、轨道夹子、伸缩梁的搭建方式。(要点：过山车搭建材料都有哪些搭建方式？每种搭建方式的作用是什么？搭建材料的搭建方式是

工程与技术的问题，教师要引导学生使搭建方式变得多样化，并能说出每种搭建方式是在什么情况下使用的。）

②搭建材料的搭建方式展示与评价。（要点：请说出第一小组搭建材料的搭建方式的优点与缺点。教师最后总结展示经典的搭建方式。基本横梁组合：由立柱卡子、横梁、轨道夹子组成。基本伸缩梁组合：由立柱卡子、伸缩梁、轨道夹子组成。基本V型梁组合：由立柱卡子、横梁或伸缩梁、V型梁、轨道夹子组成。学生对经典搭建方式进行评价。）

4. 活动探究四：建立评价量表

设计评价量表。（要点：设计搭建过山车时，需要对其进行评价和打分，请每个小组设计评价要素与分值，最后全班讨论，并制订出评价量表（表4-4、表4-5）。各个小组在开始讨论设计方案之前，用评价量表中的标准指导组内设计。）

表 4-4 评价量表

评价要素	设计图	过山车美观度	过山车成品与设计图吻合度	完成搭建后，思考与改进	汇报答辩
评价标准	设计图清晰美观，标注准确，结构完整	过山车轨道流畅，层次感强	成品要求与设计图一致，如需修改先修改设计图，再改进过山车	搭建完成后，对自己做的过山车进行评价，并做好评价记录，设计修改方案	思路清晰，PPT简洁明了，答辩问题回答合理准确
分值/分	20	20	20	20	20

表 4-5　过山车比赛细则

类型	分值/分
水平回环	5
垂直回环	15
水平飞跃	10
向上飞跃	20
钢珠跑完时间 5 秒内	1
钢珠跑完时间 5~10 秒	5
钢珠跑完时间 10~15 秒	10
钢珠跑完时间 15~20 秒	20
备注：按照得分进行排名，分值相同时，钢珠跑完用时多的获胜。	

5. 活动探究五：设计、搭建、测试、改进过山车

本活动是过山车项目的主体部分，占用课时较多，至少需要 8 个课时。本活动中，学生将之前活动所学到的内容用于实践，本活动是实践、思考、再实践、再思考循环提升的过程。在搭建中，学生会对原本的设计方案的再设计、再搭建，在测试之后也会重新设计、搭建，这种复杂的过程充分提升了学生的工程思考、技术攻关、数学计算、科学探究等能力。

① 画设计图。（要点：你们能不能设计出过山车轨道的路线，标识出起点、终点、弯道、垂直回环的高度，以及弯道、垂直回环的直径?）

② 搭建过山车，测试过山车运行效果。（要点：按照设计图搭建过山车，在搭建过程中如果发现设计不合理时，先要修改设计图，再改进过山车的结构。搭建完成后，测试过山车的运行效果是否达到预期的设计效果，如果没有达到，又该如何改进呢?）

（三）过山车比赛与评价

搭建过山车项目是基于任务解决的整合活动，一定要有多元的评价方式。本活动的设计目的是引导学生形成对过山车原理、设计、工程搭建、各种回环技术处理的整体评价，让学生形成对搭建过山车这个工程问题有一个全面的认识，提高学生科学探究的兴趣。

①汇报答辩。（要点：每个小组准备3分钟的汇报，汇报内容包括整个过山车项目的过程、思考、收获等，要求制作PPT，汇报结束后进行答辩和评分。其他小组均要提出一个问题进行质疑或评价。）

②过山车比赛。（要点：比赛前半个小时进行最后的调试，各个小组按照比赛得分进行排名。）

③学生搭建的过山车作品在全校进行分享。

四、活动感受

1. 明确问题，培养学生的思考能力

工程中所有的问题是为做出实际产品服务的，所以确定是否在正确的方向上进行非常重要。在工程项目开始时，需要不断提问确认项目真正要解决的问题。在本案例中，教师让学生搭建过山车，要考虑过山车搭建成功的标准是什么，要求学生设计评价量表；思考可以用的材料有哪些，要求学生整理和提供材料，并研究搭建材料的搭建方式；思考怎样可以让过山车更加稳定，要求学生对原本的设计方案再设计、再搭建，在测试之后也会重新设计、搭建。目标进阶提问：基于学生的好奇心进行提问，基于模型和理论进行提问，为寻求更好的解决方法进行提问。小学阶段的学生，教师要鼓励他们多提问。在本案例中，教师引导学生观看《迪士尼乐园过山车》视频，让学生感受过山车在回环中穿梭的奇妙，引发学生提出"如何利用软管设计搭建自己的过山车"的问题，再向学生示范如何运用已有的理论和经验提出和完善问题。在本案例中，教师引导学生探究过山车的原理。

2. 建立模型，培养学生的设计能力

如果让你购买一件家具，你会考虑很多因素，价格、厂家、品牌、颜色、搭配等都是要考虑的要点。每个人的心智模型都不一样，在本案例中，每位学生心里都有自己的过山车模型，这时就需要学生自由结组，4人为一组，研讨、设计、搭建过山车，并形成具象的概念模型。概念模型具有共享、显性、稳定、可呈现和可模拟的特点。模型的建立需要目标进阶：构建图画，展示现象，使用模型，测试设计。在小学阶段，学生可以把自己设计的模型画出来。在本案例中，教师向学生提出挑战任务：你们能不能在设计好的过山车轨道路线上，标出起点、终点、弯道、垂直回环的高度，以及弯道、垂直回环的直径？

拨开科学层层的外衣，核心是数学。分析和解释数据在STEM活动中占有的重要位置，做好分析和解释数据需要一步一步进阶，即资料组织、图表分析、解释评估、数学分析。在本案例中，探究过山车的原理：当小球从不同高度滚下时，下滑的速度有什么不同？小球滑到对面斜坡的高度有什么不同？研究小球下滑的高度与下滑的速度之间的关系、小球下滑的高度与滑到对面斜坡的高度之间有什么关系。水桶里装半桶水，系好绳子，慢慢地让水桶旋转起来，努力让水桶里的水不洒出来，注意绳子的变化和水桶旋转的速度变化。如何利用轨道倾斜度让钢珠自动转弯而不会脱离轨道？探究钢珠过弯道的速度与轨道倾斜度的关系，钢珠过弯道的速度与弯道直径的关系。这一环节的探究是设计过山车的关键，教师要充分尊重学生的想法，在他们不断思考、表达、辨析中，聚焦过弯道的速度与向心力的关系；组织学生查找资料，收集信息和记录方法，可以是数字、文字，也可以是图画、表格或者相片。实验过程中会产生很多数据，教师可以指导学生运用表格记录数据。表格里有自变量与因变量，教师需要带领学生运用不同的统计图来处理数据，让学生体会不同的统计图的不同特点。学生收集好

数据后,教师引导学生区分自变量和因变量,并思考小球下滑的高度与下滑的速度之间的关系、小球下滑的高度与滑到对面斜坡的高度之间有什么关系;水桶里的水不洒出来,绳子长短与水桶旋转速度的关系;钢珠过弯道的速度与弯道直径的关系。最终,教师引导学生得到数学关系。在本案例中,分析和解释数据可以获得对探究问题的答案,也可以用来测试解决方案的有效性。

3. 提升数学思维能力,培养学生的数学问题意识

数学思维在 STEM 活动中十分重要。一方面,数学思维可以展示变量关系;另一方面,数学思维可以引导改进工程中的设计。在本案例中,学生需要得出小球下滑的高度与下滑的速度、小球下滑的高度与滑到对面斜坡的高度;水桶里的水不洒出来,绳子的长短与水桶的旋转速度;钢珠过弯道的速度与弯道直径等数学关系。在本案例中,学生在不断计算中得出数学关系,可以引入各种测量工具,如直尺、卷尺、秒表等。学生收集到数据后,尝试将文字转化为数字。小球下滑的高度和下滑的速度、小球下滑的高度和滑到对面斜坡的高度之间的关系是:小球下滑的高度越高,下滑的速度越快,滑到对面斜坡的高度越高。通过讨论,记录实际小球下滑的高度、下滑的速度、滑到对面斜坡的高度等数据。

4. 设计解决方案,培养学生用工程理念解决问题的能力

在工程设计上,需要经过计划、设计、创造、评估的循环过程,计划需要确定的问题,评估时需要说明改进的地方和改进的方式,这些都需要运用到理论知识。在本案例中,设计、搭建、测试、改进过山车,这是实践、思考、再实践、再思考循环提升的过程。在搭建中,学生会对原本的设计方案重新设计、搭建,在测试之后也会重新设计、搭建,这种复杂的过程充分提升了学生的工程思考、技术攻关、数学计算、科学态度等能力。

5. 获取、评估和交流信息，培养学生的反思能力

在完成 STEM 活动中，学生先构建出自己的论点，然后和同学讨论观点，获得支持或反对意见，再进行改进，最后递交成果。交流在 STEM 活动中非常重要。一方面，学生可以在探究实践中分享观点；另一方面，学生可以在工程实践中分享解决方案。在本案例中，教师引导学生思考如何对小组设计搭建过山车的计划进行评价，第一个小组评价最后一个小组、第二个小组评价第一个小组……以此类推，最终评选出最受欢迎的小组。学生在表达自己的观点时，可以使用文字、图表、图形和数学表达式进行交流，并针对研究内容和过程进行系统性提问。

（北小红山分校　严昆）

（五）绿芽器乐团：合作演奏中提升学生音乐素养

1. 组建器乐社团的缘由

现代科学研究证实，音乐能够刺激大脑皮质的活动，并对大脑边缘系统和脑干网状结构产生直接影响，调节大脑功能，促进大脑和感觉器官的发育，提高儿童的思维能力和想象力，帮助儿童增强记忆力，促进儿童智力的发展。

美国著名儿童教育家罗素曾指出，对儿童施以音乐训练，可以促进他们长期在非语言方面辨识能力的增长。对于这一理论，美国加州大学的科学家在实验中进行了验证和扩展。他们挑选了 32 名智力水平相当的学龄前儿童，并将其分为两组，一组为音乐组，另一组为未受音乐训练组。实验表明，音乐组的学龄前儿童经过音乐训练后，较之于未受音乐训练组的学龄前儿童，其成绩有显著提升。

此外，音乐还可以帮助大脑的左右半球平衡发展。音乐活动能使大脑的左右半球互相沟通、互相联系，协调发展。国外有学者做过调查，发现音乐课成绩优秀的学生，往往数学课的成绩也非常出色。音

乐还能有效地提高儿童的想象力和创造力。爱因斯坦从小就深受音乐的陶冶，且终身与音乐结下了不解之缘。他6岁时就能演奏乐器，当他成年后到苏黎世联邦理工学院报到时，手里还拿着一把小提琴。爱因斯坦曾经说过："音乐世界赋予我的直觉，对我的新发现（运动物体的光学）有极大的帮助。"

通过音乐，教师不仅可以潜移默化地渗透对儿童的审美教育，还可以锻炼他们的意志，促进其健康的道德品质的养成和精神面貌的形成，为儿童完善型人格的形成打下基础。

日本幼儿教育协会的追踪调查表明，从幼儿时期开始接受并喜欢音乐的孩子，长大了在品行上很少有劣迹，他们会变得更加善良和诚实。而在美国国会议员和世界五百强企业的高级主管中，有将近九成的人曾在幼年时学过音乐。可见，孩子越早进行音乐训练，对往后的发展越有助益。在学习音乐的过程中，孩子还会在无形中形成坚忍的性格，不仅能吃苦，还能耐得住寂寞。这些优秀的品质，对于他们文化课的学习，也大有裨益。

学校的绿芽器乐团，就是基于这样的目的而创建的。

2. 组建乐团实施策略

（1）选择一个合适的乐器

考虑到人数（40人）、成本（不高）、整体化要求（简单易学）等因素，音乐教师选择了口风琴。它体积小，便于携带，演奏起来相对容易，音色优美，音域宽广。同时，学校有很多有一定钢琴基础的学生，演奏口风琴对他们来说，可以说是手到擒来。

（2）挑选社团成员

在三、四年级学生中，音乐教师秉持自愿报名的原则，通过面试的形式，挑选出40人。面试内容包括音准测试、节奏模仿、听辨音高、旋律模唱等。最终，音乐教师挑选出的社团成员都具有一定的音高分辨能力和基本的乐感，为社团的创建打下了坚实的基础。

（3）进行教师分工

学校正式音乐教师仅有2人，课时任务繁重。然而，两位音乐教师依然勇挑重担，每周用1节课的时间，各自带领一半的社团成员进行训练。音乐教师把社团成员分为两组：一组是有钢琴基础的社团成员,他们认识五线谱,也学过一定的演奏技巧,主要训练合作程度和乐曲演奏时的音色;另一组是零基础的社团成员,他们首先就要学会认五线谱。

(4) 认识五线谱,走出识谱第一步

学生从三年级开始,就要按照教科书的要求学习五线谱了。对于刚刚从低年级走入中年级的学生来说,识谱的第一步就是要让他们对五线谱有直观的印象。究竟什么叫五线谱?顾名思义,五线谱就是由五条线组成的乐谱。那么,这五条线分别叫什么呢?答案非常简单,从下往上数,它们分别叫作第一线、第二线、第三线、第四线和第五线。学生很快就理解了五线谱的含义,而且也能记住它们的名字。学校的音乐教师还编了一首儿歌,让学生用五根手指代表五条线,让他们一边数手指一边说:"我的小巴掌,五根手指头。五根手指头,就像五线谱。从下往上数,一二三四五。"当学生想不起来五条线的位置时,可以看一看自己的小手,就自然而然地想起来了。

(5) 认识基本音级,走出识谱第二步

学生走出第一步后,接下来音乐教师的工作就变得十分简单轻松。首先,音乐教师可以先让学生聆听非常经典的美国音乐剧《音乐之声》的主题曲《Do-Re-Mi》,让学生跟着音乐一起唱。其次,音乐教师用钢琴弹唱,让学生认识7个基本音级。最后,音乐教师把这7个基本音级写在黑板上,让学生读一读,并指定7个学生扮演7个小音符,让他们做一些诸如《小音符找妈妈》等的游戏。通过这些生动有趣的游戏,学生已经记住了7个基本音级的名称,而且还学会了《Do-Re-Mi》这首歌。

(6) 给小音符"安家",走出识谱第三步

当学生认识了7个基本音级之后,他们还要给这些小音符"安家",即将它们放到五线谱上。

(7) 运用柯尔文手势唱谱,走出识谱的第四步

柯尔文手势是由19世纪70年代由优翰·柯尔文首创的,所以称之为"柯尔文手势"。该手势借助7种不同的手势和在身体前方不同的高低位置来代表7个不同的唱名,在空间中把所唱音的高低关系体现出来。它是教师和学生之间针对音高和音准的调整进行交流的一种

身体语言形式。柯尔文手势的提出是帮助学生理解首调唱名体系中音级之间的高低关系，使抽象的音高关系变得直观、形象。教师用直观的手势表示出各个音的相对高度，引导学生观察手势，从而掌握音准。

经过这一系列的学习，学生对于五线谱有了基本的认识，可以进行演奏教学。

3. 以比赛为契机，展现新绿芽风采

对于一个社团来说，仅有单声部的演奏显然是不够的。考虑到音色的优美和声音的丰富，必须要进行双声部配合训练。2019 年，学校组织学生参加了南京市玄武区的中小学生器乐比赛。赛前，音乐教师紧锣密鼓地对学生进行双声部配合训练。

音乐教师先分出高声部和低声部，并让这部分学生分别进行练习。经过反复训练，学生在分开练习的时候学会了控制自己的速度、聆听别人的声音。

最后，学生交出了完美的答卷——在全区器乐比赛中，以一曲优美的《永远同在》获得了区级二等奖，得到了评委的一致好评。

目前，学校已经在整个四年级的音乐课中引入"乐器进课堂"活动，教师每个月会抽出一节音乐课的时间让学生练习口风琴。学校的口风琴社团一定会后继有人，为北小红山分校增光添彩。

（北小红山分校　朱莹）

（六）儿童发现：以蝶类饲养课程促进儿童探究能力的研究

1. 蝶类饲养课程的实施现状

（1）蝶类饲养课程的提出与定义

学校的"百蝶园"探索课程以蝶类饲养为切入口，开发了一系列的校本课程，旨在解放儿童的天性，让他们在与动物、植物等的亲密接触中提升认识自然、理解自然的能力，从而逐步培养他们探索自然的兴趣。从儿童的角度，学生要学会观察和探究生命的奥妙、感悟生命之美。

本课程的建构是根据小学阶段的学生在认知情感方面的教育目标，在学生主动参与的前提下，以蝶类饲养作为研究项目，建构和完善学校的校本课程体系，尊重学生的发现，感悟生命的力量与美，培养会发现、善发现、乐发现的学生，激发学生对大自然的热爱。

（2）蝶类饲养课程的开发与现状

早在2015年，教师参与研究的"物候童趣"特色文化项目就已经成功申报江苏省特色项目，荣获2015年度江苏省教育厅优秀项目，也是南京市玄武区第一批成功申报的特色项目。本次研究的蝶类饲养课程就是学校特色文化项目引领下的又一次尝试。

该课程关注儿童视角，但是学生需要怎样的课程，有哪些自然界的主题课程是受学生欢迎的，有必要进行一次全校的问卷调查。这样不但可以了解当前学生对自然的认识程度，而且可以发现学生的兴趣点，拓展课程设计思路，使课程具有针对性、有效性。在课程实施初期，教师设计了一份儿童发现课程调查问卷（表4-6）。

表4-6　儿童发现课程调查问卷

性别：_____　　年龄：_____　　日期：_____

亲爱的小朋友们，大自然是我们共同的家园，为了了解大家对自然的喜爱程度，开展大家喜爱的儿童发现课程，让大家都能找到自己喜欢的参与方式，请认真填写以下问卷。

1. 小朋友，你的家中有种植花草或者饲养小动物？
   A. 没有　　　　　　　　　　B. 有种植花草
   C. 有饲养小动物　　　　　　D. 有种植花草和饲养小动物
2. 假期里，你和家人外出旅游，大多会选择去哪里？做什么？（多选）
   A. 去商场购物　　　　　　　B. 去欣赏自然风景
   C. 去游乐园玩游乐项目　　　D. 去博物馆参观
   E. 其他
3. 周末，你和家人都喜欢做些什么呢？（多选）
   A. 上辅导班　　　　　　　　B. 在家看电视、打游戏
   C. 逛商场　　　　　　　　　D. 去户外活动
   E. 其他
4. 你在假期里最喜爱做的事情是什么？
   A. 去户外玩游戏　　　　　　B. 在家睡觉
   C. 看书　　　　　　　　　　D. 打电子游戏
   E. 其他
5. 校园里有很多花草树木，你对它们了解吗？
   A. 不了解　　　　　　　　　B. 只认识几种植物
   C. 认识很多植物　　　　　　D. 对植物了解很多，非常喜欢研究

续表

> 6. 你做过以下几件事吗?（多选）
>   A. 从不破坏　　　　　　　　　B. 踩过草坪
>   C. 折过树枝　　　　　　　　　D. 逗弄小动物
>   E. 其他
> 7. 除了课堂学习外,你还希望教师带着大家做些什么呢?（多选）
>   A. 在大自然里自由玩耍　　　　B. 学习种菜、植树等农活
>   C. 养小鸟、养昆虫　　　　　　D. 制作手工艺品
>   E. 上插花等创意课
>   F. 其他
> 8. 除了我们的教室外,你还想在哪里学习和玩耍?（多选）
>   A. 校园内的各个角落　　　　　B. 植物园、动物园
>   C. 乡村　　　　　　　　　　　D. 自由自在地玩
>   E. 其他
> 9. 日常生活中,你特别喜爱做的是以下哪些事情?（多选）
>   A. 玩电子类产品（计算机、iPad 等）　B. 观察动植物
>   C. 看书　　　　　　　　　　　D. 发明创造
>   E. 其他
> 10. 你有没有特别喜爱的植物或者小动物?试着画一画。

通过问卷调查的数据收集和分析,教师发现儿童对自然的兴趣浓厚,尤其是对自然界形形色色的小动物格外感兴趣。因为学校生态环境优美,春、夏、秋三季都有蝴蝶纷飞,约 82% 的儿童在问卷的绘画作品中都出现了蝴蝶的身影,所以教师把发现课程的起点定在了蝶类研究上。

（3）蝶类饲养课程的策划与推进

站在儿童的立场,学校积极建设特色蝴蝶园,蝴蝶园不仅仅是一处彩蝶纷飞的园地,也是儿童学习和探索的场所,这里蕴含着大自然的奥秘和一切神奇的力量。儿童在研究蝴蝶、饲养蝴蝶的过程中,也能学会尊重自然界的每一个生命,树立积极的人生观。学校将一楼的生态园地和四楼的天台都开辟出来打造蝶类生态园,同时也把主动权交给学生。教师带领学生参观场地,鼓励学生自行设计蝴蝶园,尊重学生的发现和创造。很多学生的建议也会被学校采纳。

在充分尊重儿童能动性的前提下,学校的蝴蝶园初具规模。目前,校园内成熟的蝶类生态园有两块:一块是以橘子树为主要植物的柑橘凤蝶生态园地,另一块是以马兜铃为主要植物的丝带凤蝶生态园

基地。两块园地物种丰富，不仅有蝴蝶幼虫吃的橘子树和马兜铃，也有蝴蝶幼虫成年后所需的蜜源植物（蝴蝶要吸花蜜），这些开花的植物还起到装饰园地的作用。同时，为了省去人工浇水的烦琐及体现现代技术的应用，学校在楼顶装有滴灌设备。此外，学校还采用学生设计的园地路线，增设休息区（如提供长条凳子、遮阳伞），可供师生散心、小憩，体现其实用性。

（4）蝶类饲养课程的实施策略

在逐步完善了师生共同创设的蝶类生态园地之后，教师就着手设计蝶类饲养校本课程。学校希望开发一套完善的课程体系，让学生认识蝴蝶、研究蝴蝶，从而激发学生对自然的热爱，培养学生乐于探究的品质。不过前期对于如何整合资源开展课程确实让教师感到为难。除了科学教师以外，其他教师都不敢站上讲台授课。幸好，学校邀请到了一支专业的团队——南京市雨花台区百蝶缘生态发展中心。该中心里的研究人员都是饲养蝴蝶、研究蝶类的专家，他们非常愿意助力教师设计精品课程。教师利用暑期的2个月时间交流、撰写、修改文稿，最终拿出了一套蝴蝶校本课程。这套课程从蝴蝶的科普常识说起，涵盖了各个学科，既有蝶类手工制作、情境表演，又有饲养技巧、户外观察等。百蝶缘生态发展中心的研究人员半夏老师也和北小红山分校的教师建立了长期合作的关系，每周他都会来指导学生观察、饲养蝴蝶。蝶类饲养课程主要在一至五年级进行，这些课程不是单纯的知识传授，而是让学生在了解蝴蝶的基础上解放天性，追寻个性与自由。具体安排如表4-7所示。

表4-7 蝶类饲养课程安排（2018—2019年第二学期）

主题	内容	形式	时间/分钟
蝴蝶科普	蝴蝶的种类	互动、授课	40
	蝴蝶与环境	互动、授课	40
	蝴蝶的生命周期	互动、授课	40
蝴蝶手工（小班课）	蝴蝶手工艺术创作	手工	90

续表

主题	内容	形式	时间/分钟
玉带凤蝶与芸香科植物	了解芸香科植物	互动、授课	40
我是小小养蝶人	蝴蝶领养饲养1	互动、展示	60
	蝴蝶领养饲养2	记录与观察	40
	蝴蝶领养饲养3	思考与笔记	40
养蝶寻蝶故事会（小班课）	蝴蝶美术笔记等作品展览	分享	40
	蝴蝶作品小展览	分享	40
世界蝴蝶艺术欣赏（小班课）	中国蝴蝶艺术	视听欣赏	60
	外国蝴蝶艺术欣赏	视听欣赏	60
蝴蝶小剧场（小班课）	故事剧本编写	剧本编写	60
	手绘	绘画	60
	录音动画	分角色演绎	60

同时，教师在总结校本课程的基础上，归纳出一套可以推广和应用的课程体系，即从目标制定、学习组织、内容选择、作品评价这四个步骤来开发系列校本课程。图4-9是蝶类饲养课程教学流程示意图。教师在课堂上把主动权还给学生，或是让他们去发现问题，或是让他们去解决问题。在不断地思考、行动、验证的过程中，学生也得到了成长。

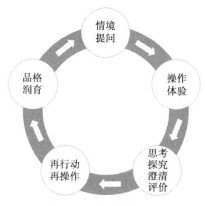

图4-9　蝶类饲养课程教学流程示意图

2. 蝶类饲养课程的开设促进儿童探究自然能力的形成

近年来，学校一直坚持课堂实践改革，蝶类饲养课程已经逐渐形成较为完整的课程体系。在不给学生太大压力的前提下，尽量让学生在大自然中行走、发现、探索、研究、实践，帮助学生亲近自然、深度了解自然、广泛接触自然、热爱自然，把学生培养成新时代的少年。

探究：基于学科融合的项目学习

(1) 蝶类饲养课程，注重轻负担的体验

学校的校本课程力求进一步深化基础教育课程改革，切实减轻学生沉重的课业负担，提高教学质量。学校要走出一条能够让课业更合理，让学生有更充分的可支配时间发挥特长，让学生学得主动、学得轻松、学得高效的路。只有这样，培养出来的学生才会能力强、后劲足，才会形成学习的良性循环，养成终身学习的品质。

蝶类饲养课程的学习形式主要是通过学生动手操作、用眼观察、行走学习来习得知识和技能，体会自然之趣，绝不是加重学生课业负担的一项学习任务。学校开设的蝶类饲养课程就是这样有趣的活动，能够让学生真正从玩中学、学得轻松。

(2) 蝶类饲养课程，强调重合作的分享

杜威认为，课程最大流弊是与儿童生活不相沟通，学科科目相互联系的中心点不是科学，而是儿童本身的社会活动。因此，教师提出了活动课程。活动课程研制的重点是放在学生身上，而不是放在教材体现的学科体系上。课程开发以活动课程为主要形式，关注课程与社会生活的联系，强调学生在学习中的主动性，让学生学会合作和探究。通过学生合作学习互相促进、互相激励，提高学习效率。因此，这种形式的课程设置是社会发展的需要，也是教育改革必不可少的关键一环。

蝶类饲养课程非常注重培养生生之间的合作探究意识。从蝶类饲养课程到户外观察、写生，到动物儿童剧表演课程，这些都需要学生和周围的伙伴亲密合作才能做好。不管是经验交流，还是团队合作，儿童发现课程都给学生提供了很好的环境和契机。

(3) 蝶类饲养课程，关注润心灵的成长

蝶类饲养课程打破了学科之间的界限，更加重视学生的需要与兴趣，是符合学生身心发展需要的课程。在课程设计之初，设计者进行问卷调查，寻找儿童喜爱的发现课程和形式，充分尊重学生的主体性，有利于学生学习的主动性、积极性的发挥。学生学习科学知识的过程中，其人格也在不断发展，这不仅有利于培养学生解决实际问题的能力，也有利于学生获得对世界的完整认识，是滋润学生心灵的一种重要手段。

3. 总结与反思

教师所有的努力与思考、坚持与动力，都是希望能够支持学生顺性生长，最终能让学生走得更远。在参与蝶类饲养课程的过程中，学生把目光聚焦在蝶类和自然界的种种关联上，发现了动物们的智慧。三年级的学生在第一次蝶类饲养课上就表现出无限的好奇，他们既担心蝴蝶幼虫会在蛹里闷死，又担心它们没有食物可吃，还好奇蝴蝶看见的世界有没有颜色……而教师则惊讶他们的小脑袋里怎么会有那么多的问题，大自然带给他们惊奇的同时也把动植物的智慧展现在他们的眼前，着实令人佩服。五年级的学生常常下课去蝴蝶园观察，发现玉带凤蝶的幼虫会像蛇一样吐出红色的信子。他们在惊讶之余，通过查找资料、询问百蝶缘生态发展中心里研究蝶类的专家，终于知道了玉带凤蝶的幼虫过人的智慧。原来玉带凤蝶的幼虫有一种特殊的本领，当它们发现有敌人威胁到自身安全的时候，就会伸出口中的臭腺，伪装成毒蛇来吓跑敌人，让一些鸟类和虫子望而却步。

学生就是这样，带着强烈的好奇心，走进大自然，一边观察一边发现，一边观察一边思考。相信只要有这样的好奇心和探究欲伴随着学生，他们的学习之路就会越走越宽。我们的课堂就能真正做到让学生自由呼吸、顺性生长。

（北小红山分校　苏畅）

（七）线上线下劳动忙
——疫情背景下的居家劳动教育

近日，国家发布《关于全面加强新时代大中小学劳动教育的意见》（以下简称《意见》），明确了新时代劳动教育的基本内涵、主要育人目标，对新时代大中小学劳动教育的课程设置做了初步规定，对学校、家庭和社会发挥劳动教育的作用提出了具体要求。

北小红山分校一直注重五育并举、家校共育等多渠道资源统整，培养学生正确的劳动价值观和良好的劳动品质，认真落实好《意见》的要求。

2020年的寒假是一个漫长而又特殊的假期，新冠肺炎疫情来势汹汹,学校停课,学生居家抗疫学习。为了丰富假期生活,培养学生的卫生意识、劳动意识,学校响应教育主管部门的号召,组织动员学生积极参与"宅家抗疫,金陵娃一起劳动吧"线上活动,鼓励学生在居家学习期间,积极开展力所能及的劳动。

动员发出之后,学生纷纷行动起来,他们有的自己整理房间,把家里收拾得干干净净;有的和妈妈一起做蛋糕、学炒菜;有的洗袜子、刷书包,自己的事情自己做;有的进行旧物大改造,变废为宝,节能环保;有的自己种植花草,感受养花的乐趣;还有的教大家七步洗手法,为宣传防疫做贡献……学生围绕居家卫生、收纳整理、烹调美食、保健清洁等方面,用文字、图片、视频等多种形式记录下自己的劳动过程和成果,可谓精彩纷呈、创意无限。

学校五(4)班的一位学生,他是个大男孩,在这期间也有模有样地拿起了针线,自制了一个药物小香囊,在线发布了他制作小香囊的全过程。在视频中,他设计样式、搭好绷子、缝制布袋,再往袋里装上防疫用的中草药,香囊上还有他亲手绣的"加油中国"四个字。香囊做好后,他写下了这样的感言:"我制作了一个药物香囊。一来药物香囊有防疫的作用;二来在整个制作过程中,我的动手能力得到了锻炼;三来表达了我对祖国的热爱。"

学校的五位德育骨干教师也积极加入了线上的志愿者教师团队,参与了审核发布学生作品的工作,共同呵护和激发了广大学生的劳动热情。

疫情让学生居家不出,但是学习娱乐、健身锻炼及劳动制作,又为学生的生活带来了趣味和活力。线下全家劳动,线上晒图展示。有的家长也感慨很久没有这样快乐的亲子时光了。

习近平总书记提出,要在学生中弘扬劳动精神,教育引导学生崇尚劳动、尊重劳动。劳动意识、劳动习惯和劳动技能应伴随着学生的成长,融入他们的生活。学校的劳动教育以此为目标,紧跟新时代的步伐,课内和课外进行整合,校内和校外进行整合,指导学生更好地劳动和生活,更好地适应未来的社会发展。

(北小红山分校 周圆)

（八）关于放学时段校门口拥堵问题的研究

在学生放学时，北小红山分校大门口常常发生交通拥堵的现象，家长将汽车、电瓶车、自行车随意停放，学生的安全状况令人担忧。在教师的指导和全班学生的努力下，学校召集相关教师针对学生放学时段校门口拥堵问题进行了研究。

教师把班级分成四个小组，即问题确认组、政策分析组、方案研究组和行动实践组，分别对此次活动进行有针对性的研究。

本次研究主要采用了实地考察、问卷调查、随机访谈、发放倡议书等方式。在学校范围内，教师带领四个小组对学生进行问卷调查，在校外对部分家长进行访谈，到交警队虚心听取交警的意见，并实地考察了学校周围适宜停车的场所。最后，根据收集到的资料，教师引导各个小组进行整理和分析，提出具有针对性的建议。

1. 第一组——问题确认组汇报

在公民法制教育实践活动伊始，教师先向班级所有学生发出倡议，号召大家参与到这个活动中来，这个倡议得到了全体学生的热烈响应，大家积极投入活动之中。接着，学生在教师和家长的指导下利用课余时间走进社区、走进社会，用眼睛观察社会，并发现问题。最后，全班学生根据自己的观察情况提出了包括校门口食品卫生、小区噪声扰民、夜间远光灯的危害、宠物管理、学校门口家长车辆停放等12个与公共政策有关的问题。经过全班36名学生的举手表决，一致选择将放学时段校门口拥堵问题作为此次研究的课题。

北小红山分校位于恒嘉路、红山支路、黑墨营易境路交叉口，是黑墨营附近的交通主干道。平时车辆川流不息，学校旁边还有阳光嘉园小区，一到放学时间，学生家长有的骑着自行车，有的骑着电瓶车，还有的开着小汽车，纷纷来到学校门口，把校门口堵得严严实实的。

当学生背着书包，排着整齐的队伍从校园里走出来时，迎接学生的是黑压压的人群，家长全都堵在大门口，学生常常找不到自己的父母。有的学生还因此急得哇哇大哭，而有的学生即便找到了父母，但想要走到父母身边也不是一件容易的事情，因为横七竖八的车辆横在路中央，他们从车丛中穿过去，不是被车把子带住了衣服，就是被车轮子弄脏了衣服。从放学到离开校门口，确实需要花费不少的时间。

家长胡乱停放车辆，影响校门口通行秩序的现象，远远不止北小红山分校这一所。每天早晚高峰，网板路、月苑南路、北京东路、北京西路等地区几乎每天都会出现这样的状况，严重的甚至会造成整条道路的交通瘫痪。学校希望通过此次研究，能引起有关部门对这一问题的关注。

此次调查主要针对学生、家长和路上的行人，并通过发放调查问卷的形式进行，经过统计、分析，有76%的家长和行人经常见到校门口家长乱停乱放车辆的现象，有50%的学生每天都能见到这样的现象，有71%的家长和行人曾经因为校门口家长乱停乱放车辆影响到自己的通行，还有88%的学生经常因为这些乱停乱放的车辆影响自己进出校门。

通过调查问卷的发放，调研小组了解到大部分家长认为这样的拥堵对学生的安全造成了威胁，80%的家长还提出了整改建议。

调研小组在调查采访中还发现，出现家长乱停乱放车辆的原因，主要有三点：一是学校门口没有固定的区域或者足够的停车位；二是家长停放车辆不够自觉，只图自己方便，往往选择离校门口最近的地方停车，占据了学生通道或者其他车辆正常的通行道路；三是学校门口缺少车辆停放管理员。每当学生上学、放学的高峰时期，除非在一些重要路段，大部分学校和幼儿园门口都没有专门的人员进行车辆停放的管理和车辆通行的指挥，这往往会导致人车混杂，出现交通拥堵的现象，影响校门口正常的通行秩序。

2. 第二组——政策分析组汇报

为了了解放学时段校门口拥堵这个问题的有关政策，调研小组的学生查阅了相关的法律资料，并来到北京市惠城（南京）律师事务所、南京市交警一大队及几所小学进行了采访。

在对交警大队的交警进行采访的过程中，调研小组了解到目前对学校门口车辆的停放并没有法律法规做出明确的规定。同时，北京市惠城（南京）律师事务所的律师也向调研小组证实了这一点。不过，交警解释道：虽然法律法规没有就此问题做出明确的规定，但是各个交通管理部门还是采取了一些便民措施和人性化管理。例如，在不影响交通的情况下，允许家长的车辆在学生上学、放学时临时停放，不做违章停车的处罚；增派警力进行疏导；等等。

然而各个交警大队的警力有限，不可能在所有学校门口进行疏导，只能对位于交通要道上的学校进行疏导，而大多数学校门口的交通秩序混乱的现象依然存在。

调研小组还查到《中小学幼儿园安全管理办法》第六章第五十条，公安、建设和交通部门应当依法在学校门前道路设置规范的交通警示标志，施划人行横线，根据需要设置交通信号灯、减速带、过街天桥等设施。

此外，调研小组在采访中还了解到，作为管理者，各个学校也采取了一些措施，比如在校门口设立了禁停区，采用错峰放学的方法，缓解校门口通行秩序不畅的现象，但是由于部分家长没有严格遵守规定，难以服从指挥，所以收效也并不明显。

目前，许多城市都存在家长乱停乱放车辆而影响学校门口通行秩序的情况，各个城市的交警都在为学校门口道路管理献计献策。例如，天津交警引入停车类 App，用大数据解决学校门口停车难的问题。如果南京也采取这样的措施，家长乱停乱放车辆而影响校门口通行秩序的情况将得到极大改善。

3. 第三组——方案研究组汇报

交通管理部门应当根据《中华人民共和国道路交通安全法》的法律条文，出台相关政策，明确在学校周边道路范围内设立临时泊车位，并统一规定停车泊位的使用时间，设置警示标志，对于不按要求停放的车辆将进行处罚。这样一来，就可以使家长的车辆停放的规定具有强制性和法律效应，也可以减少交警在执法时产生的矛盾。

调研小组认为，根据《南京市道路交通管理规定》第三十九条的规定，在学生上学、放学的高峰期，交通管理部门可以临时采取在学校所在的一定区域和路段设立单行、禁行的标识等交通管理措施，缓解学校门口交通拥堵的现象。同时，学校可以开放两个大门，让学生错峰放学，最大限度地保证交通的通畅，这里还需要街道办事处相关人员的大力协助。

对于停车难的问题，调研小组建议可以划定离学校稍远的路边为临时停车场，让接送孩子的家长免费停车 15 分钟。

对于非机动车的停放，调研小组建议在学校门口两边的道路上按年级或班级进行等待区域划分，规范家长停放非机动车辆。

其实，学校门口之所以会出现因家长停放车辆不当而影响通行秩序的情况，是因为家长要来接送学生上学、放学。因此，学生要从自己做起，尽量不要让家长接送，并且做好家长的宣传工作。同时，作为学校的小主人，学生也应该参与到学校的管理之中，主动承担起管理家长停放车辆的责任。

调研小组认为，这些方案如果能够得到实施，一定会有助于改善家长乱停乱放车辆而影响校门口通行秩序的情况。

4. 第四组——行动实践组汇报

调研小组认为，目前，他们制订的方案具有一定的可行性。因此，调研小组希望能寻求更多人的支持。为此，他们还给学校的校长写了封信，分析了学校门口交通拥堵的现状，提出了自己的想法。

行动1：给校长写信，提出错峰放学和按班级或年级设立家长等候区的请求。

行动2：向全校学生发出倡议，建议住在附近的学生尽量自己上学、放学，这样既锻炼了自己的能力，又避免了家长接送造成交通拥堵的现象。

行动3：向城管部门提出建议，划定临时停车场，允许车辆免费停车 15 分钟。

行动4：积极动员学生向自己的父母进行宣传，注意文明停车，同时建议教师尽量不要拖堂，按时放学，让学校门口的家长可以尽快离开学校。

行动5：设立"校园安全小天使"。学生在上学和放学时，轮流在学校门口进行管理，既锻炼了自己的能力，又参与到了学校的自主管理之中，逐渐成长为学校真正的小主人。

调研小组的行动得到了大家的支持，也让他们拥有了充足的信心将行动进行下去。

5. 总结与反思

公民法制教育实践活动是社会性教育实践，需要学生走出校门、走出书本、走向社区、走进社会。学生在教师和家长的组织下，走出校门进行调查和采访活动，掌握了丰富的资料，也对放学时段校门口拥堵这个现象有了更深入的了解。扎实的实践活动，开阔了学生的眼界，激发了学生的参与热情，也让学生积累了大量资料。在分析政策的过程中，学生或与同伴合作，或寻求师长的帮助，在分析现有规范的基础上提出了具有建设性的建议。在公民法制教育实践活动的开展过程中，调研小组积累了一定的经验，产生了这样一些认识。

（1）班级活动可纳入学校德育课程

从公民法制教育实践活动的理念和活动方式来看，这些都与学校德育和综合实践活动的要求是一致的，学校应当将其纳入德育计划与综合实践活动课程计划。这样既可以创新德育工作，赋予德育新的生命力；又可以保证足够的活动时间和师资力量，而不仅仅是一个班级、一位教师的实践成果。

（2）家庭、学校、社区形成合力

公民法制教育实践活动需要学生走出校门，有的涉及敏感的社会问题，活动中可能会遇到交通安全、人身安全等各类问题，因此家长可以参与进来，带领学生去调查访问，以确保学生的安全；同时，教师也可以向社区宣传调研活动，让居民了解其重要意义，从而争取他们的配合。虽然这一次调研小组选择研究的课题的研究对象仍在学校附近，但是要提升公民法制教育的实效，必须把学校、家庭和社区联合起来，让三者共同参与进来，形成合力。

（3）角色定位

教师要把握好自己的角色定位，不能成为学生活动的主宰和导演，也不能什么都代劳，使学生变成活动的旁观者。教师要抛开功利主义，明白公民教育是一个长期的实践过程，不可能一蹴而就，而应该立足于学生的发展，长期关注实践活动的过程。

（4）正确评价

教师要正确评价学生的实践活动，引导学生关注公共问题、分析公共政策，让学生客观地认识生活的现实和得失，以及在实践活动的过程中，不管是经验还是教训，都是宝贵的财富，"得"可以让教师总结与提高，"失"也可以让教师不断完善与进步。

（5）学生的成长

通过此次活动，学生的合作能力、交往能力等都有了明显的提高。原本不受欢迎的学生，通过团队协作，一起找资料、一起合作、一起做展板，各自都发现了对方的优点。

参加这次活动，教师、学生和家长都接受了一场洗礼，感受到了其中的快乐，获得了书中没有的知识。当看到学生思索时的愁眉苦脸和取得成绩后欣慰的笑容，教师也明白了公民法制教育实践活动的真谛。

我国著名学者李慎之先生曾说："千差距，万差距，缺乏公民意识，是中国与先进国家最大的差距。"今天的教育是为了明天的发展，为了缩小这一差距，教师必须带领学生扎扎实实、深入开展公民法制教育实践活动，使之成为对学生的一种熏陶，为学生打开一扇关注社会、走进社会的窗口，为学生的终身发展奠基。

（北小红山分校　黄娟）

（九）关于南京市老旧小区消防设施不完善问题的研究

1. 前期的准备工作

（1）第一步：取得家长的理解与支持

2018年9月7日，教师发放《致家长的一封信》，宣传学生参与活动的重要意义，并取得家长的理解和支持。

（2）第二步：选择班级要研究的问题

①9月11日，教师向学生发放两张表：《问题统计表》和《问题确认统计表》。

②9月12日至16日，学生对社会中的法制问题进行初步调查和分析，并通过自己的观察，把身边发现的问题填在表中。

③9月19日，班会课期间进行社会问题大讨论。学生投票表决确定班级要研究的对象。

④南京市老旧小区消防设备不完善的问题以23票在全班获得通过，成为本次法制问题研究的主题。

(3) 第三步：分组调查

① 9月20日，为了让每位学生都能真正参与到课题研究中来，教师对参加本次课题的28人进行分组（实地调查组、资料收集组、网络调查组），并将此次课题研究的主要调查范围划定为：月苑一村、月苑二村、月苑三村、曹后村、十字街小区。

② 为了提高学生的实践能力和合作能力，于9月22日至27日，根据分组情况，学生分别进行实地调查，并采取调查问卷与拍照的形式收集资料。此次共发放调查问卷100份。（表4-8）

表4-8 关于南京市老旧小区消防设施不完善问题的调查问卷

> 1. 您的年龄是多大？
> 2. 您所住的是哪个小区？
> 3. 您认为所住小区有消防隐患吗？具体表现在哪些方面？（请简要列举几点）
> 4. 您对所住小区的消防安全有哪些建议？

此次调查问卷是以问答为主的主观题。从发放和回收问卷的情况来看，此次调查的效果不佳，主要原因有以下几个方面：老旧小区居住的居民以老人居多，他们需要填写的内容太多，花费的时间太长。学生通过此次调查问卷的结果进行分析和反思，又进行了第二次调查问卷的设计。本次调查问卷共19道题，除最后一道题为主观题外，其余均为客观题，并给出了明确的选项。从结果来看，经过优化的调查问卷更容易被受访者所接受，反馈率较高。

10月12日至16日，学生向相关部门征询这些方案的修改意见，并对改进后的方案进行了问卷调查。经过改良后的调查问卷，如表4-9所示。

表4-9 关于南京市老旧小区消防设施不完善问题的调查问卷（修改版）

> 您好，我们是北小红山分校四（2）班的学生。为了更好地了解南京市老旧小区消防设施的情况，完成课题调研，特此展开本次校外调研实践活动。您的信息会被完全保密，请您放心作答，对于您的配合万分感谢！
> 1. 您的年龄是多大？
> ○A. 18岁以下　　　　　　　　　○B. 18~30岁

○C. 31~55 岁　　　　　　　　　　○D. 55 岁以上
2. 您的身份是什么？
　　○A. 学生　　　　　　　　　　○B. 在岗职工
　　○C. 退休人员　　　　　　　　○D. 外来打工人员
　　○E. 其他
3. 您在小区住了多少年？
　　○A. 一年以下　　　　　　　　○B. 一年以上五年以下
　　○C. 五年以上十年以下　　　　○D. 十年以上
4. 您了解消防安全方面相关的知识吗？
　　○A. 了解　　　○B. 了解一点　　　○C. 不了解
5. 您对老旧小区消防安全的现状持什么态度？
　　○A. 好　　　○B. 一般　　　○C. 不好
6. 您所在小区的消防设施（消防栓、灭火筒、安全指示灯等）是否完备？
　　○A. 比较完备　　○B. 很一般　　　○C. 非常差
7. 您所在小区的消防设施有定期的维护和保养吗？
　　○A. 有　　　○B. 没有　　　○C. 不清楚
8. 您所在小区的消防安全通道状况如何？
　　○A. 很多且都能正常使用
　　○B. 很多但只有部分能正常使用
　　○C. 很少但都可以正常使用
　　○D. 很少而且有一部分不能正常使用
　　○E. 没有或都不能正常使用
9. 您所在小区负责消防安全管理的部门是_____。
　　○A. 街道办事处　　　　　　　○B. 居委会
　　○C. 物业部门　　　　　　　　○D. 无人负责
10. 您所在小区是否举办过专门的消防安全教育讲座？
　　○A. 定期举办　　○B. 偶尔举办　　○C. 从未举办
11. 您所在小区是否开展过消防演习？
　　○A. 定期举办　　○B. 偶尔举办　　○C. 从未举办
12. 您所在社区是否定期排查消防安全隐患？
　　○A. 定期排查　　○B. 偶尔排查　　○C. 从未排查过
13. 消防安全排查主要包括哪些方面？（若上一题选 C，则可跳过该题）
　　○A. 电路系统　　○B. 家用电器　　○C. 煤气、天然气等
14. 您的小区配备了以下哪几种消防设备？（多选）
　　○A. 防火门　　○B. 火灾报警控制器　　○C. 消防应急灯具
　　○D. 灭火器　　○E. 消防栓　　　　　　○F. 其他

续表

15. 请问您所居住的楼栋每层楼的灭火设备（或消防栓）数量有几个？（多选）
　　○A. 一个　　○B. 两到三个　　○C. 四到五个　　○D. 五个以上
　　○E. 不清楚
16. 请问您的小区是否发生过火灾？（若没有，请直接跳到一下题）
　　○A. 是　　○B. 否　　○C. 不清楚
17. 如果您的小区发生过火灾，是社区内部解决还是消防人员过来帮忙解决？
　　○A. 社区内部解决　　　　　　○B. 消防人员帮忙解决
　　○C. 社区内部与消防人员共同解决　○D. 无
18. 矩阵单选题

	好	较好	一般	较差	差
（1）社区对消防安全知识的宣传情况	○	○	○	○	○
（2）社区消防设备种类的齐全程度	○	○	○	○	○
（3）社区消防设备的位置安放情况	○	○	○	○	○
（4）社区消防安全设施的保养情况	○	○	○	○	○
（5）社区消防设备使用的难易程度	○	○	○	○	○
（6）关于火灾的预防措施	○	○	○	○	○
（7）社区消防规划情况	○	○	○	○	○
（8）社区消防公共组织的服务情况	○	○	○	○	○
（9）对社区消防经费规划的满意程度	○	○	○	○	○

19. 您认为本社区消防设施和消防管理方面有什么需要改进的地方吗？

（4）第四步：汇总调查资料，讨论解决方案

① 10月8日至10日，学生汇总调查资料。

② 调查问卷统计结果最后会以饼状图的形式呈现。

针对社区消防设施和消防管理的现状，居民提出了以下几点需要整改的地方。

第一，目前，老旧小区的居住人员以退休老人为主，居住年限较长，消防安全意识较差，自救能力较弱。

第二，老旧小区内部消防管理设施陈旧、数量不足、标识不清、消防通道管理混乱，无专人管理。

第三，街道及社区对消防管理的重视程度不够，没有定期举办消防安全知识讲座及消防演习。

第四，建议街道及社区配备专门的消防安全员，定期排查老旧小区内部的消防隐患，如检查消防设施是否完好、消防通道是否被占用。

第五，重点关注小区内部缺乏自救能力的老年人，组织消防自救小组，设立小组长，发生险情时，对重点关注的老人安排专人指导疏散。

第六，组织辖区内消防主管部门对老旧小区内部定期进行消防安全检查，对发生过火情的小区，重点排查，组织义务救火队。

2. 中期的方案制订工作（收集研究问题的有关资料）

（1）第一步：讨论解决方案

① 学生针对汇总的问题，查找相关的政策法规（如《江苏省消防条例》《南京市消防管理办法》《南京市住宅物业管理条例》《南京市消防条例》等），找出老旧小区消防设施不完善问题的对应条款，做政策分析表。

② 通过政策分析汇总，学生得出结论：老旧小区存在消防设施不完善的问题，涉及的相关人员有物业工作人员、社区居民委员会委员、居民等。

3. 后期的成效与范式

（1）制订方案

① 学生通过思考提出自己的方案。

② 学生通过网络收集相关资料（如《解决老旧小区公共消防设施缺失问题》《老旧小区普遍存在消防设施"五脏不全"问题》等文章），说明老旧小区消防问题是普遍存在的重要问题。

（2）采取行动

① 学生主动给市长写一封信，主要针对当前老旧小区消防设施不完善问题，提出几点建议。

② 学生给南京市民发一封《倡议书》，主要倡议大家从我做起，关注消防安全，消除身边的安全隐患。

③ 为了让大家能直观、清晰地了解自己身边所存在的消防问题，学生还制作了活动小报。

（3）召开听证会（汇报调查结果）

① 10月19日至22日，学生制作展板，模拟听证会。

② 学生制作的展板主要分为四块，即"我们的问题""我们的政策""我们的方案""我们的行动"（图4-10）。

我们的问题

我们的政策

我们的方案

我们的行动

图4-10 学生制作的展板

③ 模拟听证会。

10月24日至11月26日，学生提交研究报告，发放《倡议书》，召开正式的听证会。

听证会成员主要包括校长周宗祥、党委书记徐德忠、南京市110指挥中心大队长等。

3. 思考与展望

此次法制实践活动给学生提供了广阔的实践舞台，改变了他们被动的处世态度，极大地调动了学生关爱社会生存环境的热情，充分激发了他们作为主人翁的创造热情，紧密地把家长、学生、教师团结在一起，并发挥出巨大的社会潜能，切实体现了教育不仅仅是学校的责任，还需要家长的支持、参与和理解。

（北小红山分校　赵淑媛）

第五章 同行：和儿童一起学习

一 从儿童的视角出发

（一）从发现儿童到儿童发现课程

在学校开发系列校本课程之前，笔者做了大量的文献研究，进行了关于儿童探究能力的理性思考，以此来进一步明确学校课程研究的方向。探究是求索知识或信息，是求真的活动，是搜寻、研究、调查、检验的活动，也是提问和质疑的活动。现在，我国各个学科的教学工作都非常注重创设教育环境，培养学生的学科探究能力。在2017年中美校长高峰论坛上，联合国教科文组织协会世界联合会荣誉主席、国家教育咨询委员会委员、国家总督学顾问陶西平先生做了重要讲话，提出了中国将学生发展的核心素养界定为"必备品格和关键能力"。其中，他提到了学生应具有科学精神，要勇于探究，要具有好奇心和想象力，能不畏艰难，有坚持不懈的探索精神，能大胆尝试，积极寻求有效的解决问题的方法，等等。探索、研究是儿童学习知识、发展能力的必要途径。《科学课程标准》提出，要培养儿童对周围事物的好奇心和求知欲，能运用各种感官，动手动脑，探究问题。

著名教育家陈鹤琴先生曾说："儿童的世界是儿童自己去探讨、去发现的。他自己所求来的知识，才是真知识，他自己所发现的世界，才是他的真世界。"所以，门外的自然和社会都是儿童的世界。

探讨自然的神秘，研究社会的实际问题，都是儿童的活教材。

基于以上的文献研究和理性分析，笔者认为，在小学阶段培养儿童的探究能力是一项非常有意义且必要的任务，而培养儿童的探究能力自然、有效的方法，不是在教室里，也不是在书本中，而是解放儿童，顺应他们的天性，让他们走进真正的大自然中去发现问题，并以小组合作的形式自由讨论、自主探究。教育者需要做的，就是为孩子们甄选合适的自然场地，这样的自然应当是有利于儿童身心健康发展的，这才是培养儿童的探究能力合适的方法。

学校里的学习生活已经远远不能满足当今学生的发展需要。教师要拓展课程内容的深度与广度，拓宽学生学习的空间与视野。这就需要给学生提供更大的空间，引领他们走进生活，并在生活中用心寻找更丰富的课程资源。因为只有在广阔无垠的生活中，学生才能更自由地舒展自己的灵魂，释放自己的天性与创造力，顺性生长。因此，教师在积极思考与探索适合学生发展的课程，学生在体验中才能更好地用儿童之眼发现美好，以儿童之心发现童趣，以儿童之言发现童味，以儿童之情发现未来。因此，教师在课程设置上，要做到以下两点。

1. 以儿童的视角看儿童的世界

对儿童的发现，卢梭在《爱弥儿》中强调，人们要好好研究儿童，爱护儿童，使他们快乐，培养他们可爱的本能，给他们应有的地位。儿童永远活在活动之中，卢梭倡导不要对儿童施加太多的束缚，教师的职责不是命令儿童、管束儿童，而是与儿童一起游戏、一起学习，在活动和游戏中引导、指导儿童学习。教师可创设多层次、多渠道的游戏活动，让儿童在游戏中获得创造的潜能。

基于儿童的兴趣，顺应儿童的天性发展，呵护他们纯真质朴的个性，让他们的童年生活更加丰富有趣。

2. 以儿童的天性看儿童的发展

卢梭从人性本善的观点出发，提出教育须顺应人的本性的自然发展。教师在设计游戏教学时应当充分认识到每个学生的不同，依据每个学生的不同特点设计不同的游戏，以满足他们的发展需求。这就告诉我们，课程的设计同样需要尊重和满足不同学生的发展需求，尤其是校本课程，更要重视学生个性的发展需求，更要符合儿童的特性。

因此，以儿童研究为核心，整体推进校本课程的实施，积极构建适应儿童的课程，将是学校进一步促进儿童发展的必然做法。教师要通过团队合作，共同去认识和发现儿童，并结合对儿童的认识和发现，认真开发出具有校本特色的校本课程，由此促进儿童素养的整体提升。

（二）以儿童之眼，发现自然之美

特色文化下的校园应当成为学生向往的地方，教师才可发力。目前，教师对校园的理解主要包括以下三点。

第一，校园应该是一个有趣的地方，它能让学生拥有童心与天性；校园也是一个课程资源丰富的地方，它能让学生有个性化学习的选择。教师结合校园特色和资源，开设了体验课程：和美生态小径活动课程、蝶类饲养课程。此外，学校在自然灾害馆展出学生制作的标本，让学生体验动手探究的过程；让学生参加"物候童趣"种植园活动，并体验劳动的快乐；引导学生制作二维码资源库，并体验观察活动的乐趣。这些活动极大地激发了学生的好奇心和想象力。

第二，校园应该是一个大舞台。学校有两个室内舞台和两个室外舞台，学生更喜欢室外舞台，它置身于大自然中，大家把它命名为"梦幻大舞台"。每周五上午是学生最期盼的时光，因为这里会有一个班的学生进行每周半个小时的演出，学生会把平时参加"物候童趣"种植园活动编成的各种节目进行展示，尤其值得一提的是，这个舞台可以让每一个学生都能上去展示，培养了学生的表演能力。

第三，校园应该是一个师生追求文明的地方，它让学生在教师的引领下更加懂得尊重的意义。学校结合"物候童趣"特色文化项目开发了一系列呵护童趣的特色课程，让学生享受童趣。一、二年级开设了动物课程，三、四年级开设了植物课程，五、六年级开设了生命课程。学校每两周开设一次校本课程，让师生共同走出教室、走进自然、走向社会。苏霍姆林斯基在《把整个心灵献给孩子》中提道："真正的学校，那是儿童集体的、丰富多彩的精神生活，它以多种多样的志趣和爱好把施教者与受教育者联系在一起。"

海德格尔曾说："人安静地生活，哪怕是静静地听着风声，亦能感受到诗意的生活。"下面是一些学生在活动体验中的剪影与拍摄者的所见所闻。

 镜头一：闻味道

我喜欢抓拍，那是 2017 年 10 月底，我在学校的"物候童趣"种植园中漫步，在橘子树种植区，一群孩子围在一起，其中一个学生手上还连着橘子树的树枝。

我好奇地问道："小朋友，你们在干什么？"

一个孩子和我说："校长，我们在闻橘子的味道？"

"那你们闻到什么味了？"我笑着问道。

"我闻到了橘子的香味"。

"我闻到了橘子的甜味。"

孩子们七嘴八舌地说起来。

忽然一个孩子说道："我闻到了秋天的味道！"

而这秋天的味道，正是孩子们内心的声音。"物候童趣"种植园，孩子们经历了翻地、播种、施肥、浇水、养护、除草、收获等环节，他们内心深处对农耕生活已经有了一个参与实践的过程，正是在这样的自然环境中，他们对植物的生长有了更深的了解，对四季播种与植物生长的关系有了更进一步的了解，于是他们心里就能听到栀子花开的声音。

而这次偶然的发现，也能让我们近距离地听到孩子们内心的声音。正是在这样的自由环境中，他们的天性得到释放，个性得到张扬，思想得到解放。司汤达曾说过一句话："童年是无止境的。"教育的一切就是为了寻找童年，为了认识儿童、发现儿童、发展儿童。

 镜头二：挖山芋

中午 12 点，学校通知每个班安排两名学生到种植园挖山芋。孩子们一听高兴极了，但班主任表示出了担忧，孩子们的校服很

容易被弄脏，说不定学生的手也会被划破，因为种植地有不少石头。

刚开始，活动就按照学校的要求正常进行，孩子们各自使用工具在不同的地方挖山芋，一个个激动的心都要蹦出嗓子眼了。不知是谁兴奋地大叫了一声："我看到山芋了，好大呀！"气氛瞬间变得活跃起来了。为了能更快地见到山芋，孩子们全然不顾脚下的泥泞，扔掉手上的工具，直接用手刨了。结果可想而知，孩子们崭新的白色校服被泥土弄得很脏，有的孩子的手也被划破了，有的孩子为了擦汗成了大花脸。教师和孩子们一起努力，挖出了很多山芋，没有一个人愿意离开，大家开心地说着，挖着，笑着。结束后，每一个孩子都带了一个大山芋回家，这是他们劳动的奖励。

 镜头三：观树桩

学校翠竹园里有一个树桩。当时，学校正在修建木栈桥路。为了把和美生态小径连通，曾有教师建议把这个树桩除掉，这既是出于安全的考虑，也是便于开路。但后来树桩被保留了下来。春天，孩子们带着放大镜来到树桩的旁边，惊喜地发现有小蚂蚁从它身上爬出，还有小蘑菇在悄悄地绽放生命。秋夏，树桩上有枝藤缠绕，它成了这些动植物的家。在这里，孩子们对生命与自由有着自己独特的理解与感悟。一年四季，孩子们看到树桩用自己的坚守为其他生物带来希望。孩子们在观察中感受到自然界的新陈代谢，体悟到自然界的神奇奥妙。

 镜头四：冷餐会

每年暑假前，学校都会举办一次全校性的冷餐会。一、二年级每个班安排6~8名家长参与，三至六年级每个班安排4名家长参与。下午5点左右，家长和孩子们一起带着准备好的食品、水果、饮料来到学校布置。5点30分，学校广播室传来了轻快的音乐声，全校师生一起进行冷餐会，师生、家长与孩子们在愉快、轻松的氛围中交流，相互祝福、相互关心，真正体现了学校的"和美"文化。冷餐会结束后，全校师生和家长代表来到操场，先看毕业班学生带来的毕业汇报演出。随着天空渐渐变暗，大家又一起观看了一场电影，体会露天电影的乐趣，尤其是千人聚集到一起看电影，这将在孩子们的童年生活中留下深刻的记忆。晚上9点30分左右，电影散场，一至五年级的学生有序地离开，六年级的学生则继续留下，在校园内住上一个晚上，体会在外宿营中的快乐（图5-1）。

图 5-1　学生在外宿营中合影

北京师范大学教授郭华在报告中说："成人要与儿童一起探寻，每个大人曾经也是儿童，只是他们忘记了，如果你不能理解儿童，儿童也会对你失去信任。"因此，只有教师设身处地站在儿童立场，才能回想起儿时的经验、记忆和感受，更好地体悟儿童的所思所想，才能真正理解儿童，更好地从儿童的角度考虑问题。

以上几个镜头是学生校园生活体验的片段，学校教育和家庭教育、社会教育达成共识，才会让学生成为社会需要的人才。教师正是将学生的体验立足于校园，辐射于周边，拓展于国际，才能带领学生走得更远。

（三）隐性课程中校园环境的建设

1. 学校物化环境对学生的隐形教育

学校在校园绿化设计之初就引入了生态园林的理念，让学生参与学校的环境设计与维护，共同体验劳动的成果。学生陶醉于校园的优美环境之中，领略校园春有花、夏有荫、秋有果、冬有绿的四季风光；一墙一壁会说话，一草一木总关情，一景一物见思想，一地一室皆文明。这也激发了学生对美好环境的向往之情及保护环境的意识。

学校重视生态环境，努力打造和谐的人文氛围，将生态道德教育潜移默化地渗透在教学中。青少年生态道德教育的目标是：掌握一定的生态知识，成为生态系统中的一员，只有与自然界中其他生物和谐共处，才能持续发展生态道德意识，并将这种意识内化为自己的行为和意志，进而规范自己的日常行为。学校重视生态环境建设，对学生的生态道德教育工作进行探索与实践。

（1）绿荫不减来时路，生态小径善育人

学校的和美生态小径长约300米，沿途有一片湿地区、花卉种植区、听音亭区、柿子林区、小木桥区、翠竹林区、悬铃木区等。

① 湿地区。

湿地区是一片和园池塘，分为上游和下游两片池塘，两片池塘水系相通。池塘里面有一些学校饲养的观赏鱼，还有几株睡莲和一小片香蒲。池塘边有一棵垂柳，垂下的柳枝直接接触到水面。和字碑的周围有几株迎春花，在和园的一侧有四株碧桃，还有一小片芭蕉林。春季一到，绿色的垂柳、黄色的迎春花和红色的碧桃与清澈的池水交相辉映，花瓣垂柳散落在池塘中，成为小鱼和蝌蚪的玩物，形成了特色的一景。

② 花卉种植区。

这里的花卉由学校三年级的部分学生进行种植和养护，种植的是三色堇，这块地是观花项目小组的试验田。初期，观花项目主要以学生亲自动手种植体验为主，学生拔草、翻地、犁地、整田、播种、浇水、施肥、管理、观察、记录、收获花种、记录感想、交流体会。观花项目结束之后，学校在这块地上继续种植别的花卉，并将观花项目的实践经验普及到整个三年级。

③ 听音亭区。

听音亭区是生态小径中可以坐下小憩的地方。其中，听音亭是开放式的，学生在课间午休或者早读时，坐在听音亭中聆听风声、鸟声、雨声，伴着读书声，声声入耳。

④ 柿子林区。

生态小径上有几株柿子树，每年秋季树上都会结出丰硕的果实。如果此时人走在柿子树下，经常会被成熟的柿子砸中脑袋；走在林中，经常会拾到掉落在地上的成熟柿子，轻尝一口，那滋味美极了。

⑤ 小木桥区。

在竹林的一端是一座小木桥。小木桥的一侧是用竹片做成的竹文化介绍牌，上面有关于竹文化的介绍；小木桥的另一侧是一截枯树木桩，枯树木桩非常潮湿，上面会有许多的小生命在此寄生，它的旁边还有一块警示牌。

⑥ 翠竹林区。

翠竹林区以栽种的竹子命名。依地势而栽，百慕大草皮，桂花、蜡梅、凌霄花、小叶女贞等花灌木，确保无裸露的土地，无绿化的死角。翠竹生长得格外茂盛，长于小径两侧，形成一片天然的树荫，孩子们喜欢穿梭在竹林中，可以体会神秘清凉的感觉。当清晨的阳光照进竹林时，也别有一番韵味。

⑦ 悬铃木区。

和美生态小径的尽头有7棵悬铃木，树荫下有两处长椅。夏季天气炎热，这几株悬铃木形成一大片树荫，在树下游戏是孩子们最喜欢的活动之一。走完了和美生态小径，人可以在此休息一会儿，思考一下，感受凉荫，感悟自然生态美景。

2. 环境教育案例实施过程

(1) 湿地篇

夏季，常有青蛙在池塘中产下幼卵，孩子们喜欢在午餐后聚在一起看小蝌蚪的成长过程，尤其一年级的学生刚学完《小蝌蚪找妈妈》这一课，就喜欢成群结队地趴在池塘边观察小蝌蚪；冬日，池塘结冰，这些冰块成为孩子们嬉戏的道具，即使小手被冻得红彤彤的，他们还是忍不住捞一些冰块在手里把玩一阵，感受一下冬日的寒冷。在城市中，家里的保暖设施都非常好，很少有地方可以见到冰块，这对孩子们来说有一种别样的乐趣；高年级的学生可能不屑于玩冰块和捉小蝌蚪，但是他们喜欢一起沿着池塘散散步，看看游鱼，看看蝌蚪，赏赏莲花,看看垂柳,体会语文课文中"吹面不寒杨柳风"的意境。每年的绿色生态月中有一项活动——春早摄影非常受学生的欢迎,和园一景经常出现在孩子们的镜头下,学校奖状的背面就是和园一景,这张照片是从众多学生的摄影作品中筛选出来的。

(2) 花卉园篇

花卉园是学校进行观花项目的试验田,学校观花小组进行的活动研究是"校园棚栽技术对三色堇开花的影响研究"。在种植花卉的过程中,不仅丰富了学生的课余文化生活,还促进了学生的身心健康。在活动研究中,师生共同经历了以下这些过程。

① 土地翻新、施肥。

教师与学生在学校中挑选了一块滞留园地,因为园地上长满了杂草,在课题研究之初,师生一起拔草、翻地、犁地、整田。由于师生技术条件有限,就聘请校外人员帮忙将土地翻新,规整园地,并将此园地进行围挡。

② 搭建塑料大棚。

针对学校课题研究的对象是三色堇,师生将园地分成了四小块,其中两块为棚栽三色堇,另外两块为露天栽种三色堇。在搭建大棚的过程中,由于缺乏材料和技术水平有限,教师邀请校外人员帮忙建设大棚。

③ 三色堇栽种观察研究。

教师从校外购买同一批次的三色堇未开花的花苗,所有课题研究的学生待领取花苗之后,在本组地块中进行栽种,并进行长期的养护、观察、记录。

④ 做好观察记录。

学生根据观察做出本组的观察记录,并根据四个小组的记录,进行对比研究,观察棚栽三色堇与露天栽种三色堇开花的区别。

⑤ 总结学生的观察研究成果。

⑥ 设定校本研究课题。

学校在已有观花课题中进行延伸,并结合校本文化课程新设定一个校本研究课题。在观花项目结束之后,学校将在这片花卉园种植更多其他种类的花卉,将观花小组的科学体验普及到整个三年级。在科学教师的带领下，学生对这片花卉园进行管护。一个班级分为若干小组，由小组成员共同完成本组种植活动中所有的活动记录、观察记录、交流感想、心得体会等。通过摄影、绘画、写作、实验记录、情景剧等记录方式，学生还将这样的养护经验传递给身边的同伴，甚至有的学生在班级内兴起了养护绿植的风潮。这样的养护绿植的氛围在全校也十分浓厚。

学校开展"校园棚栽技术对三色堇开花的影响研究"的目的是培养学生的科学素养、动手能力、人文情感、团队合作能力及热爱自然的情感态度。在项目研究中，学生通过一系列的活动，能够将科学课堂中学到的书面知识运用到实践活动中来，从而强化学生对科学知识的记忆力与运用能力。项目研究以学生学习为主、以教师辅导为辅。学生在项目实施过程中，需要进行大量的动手和动脑活动，也会发现各种问题，学生需要尝试自己解决问题或寻求帮助解决问题。因此，项目研究可以提高学生的动手能力与团队合作能力，学生也能够知道遇到问题时该如何去解决问题。

（3）听音亭篇

听音亭是学生非常喜欢的一个休闲场所。清晨，学生在亭子中可以听到风声、鸟声、读书声。学校四周的生态环境较好，在听音亭中也常常可以听见鸡鸣、狗吠、猫叫的声音，这对城市里的儿童来说，别有一番滋味。在听音亭中，学生可以聆听动物们的叫声，感受它们的情绪，体会气候的变化，撰写出一篇篇美妙的文章。学生学习乏了，在亭中小憩一会儿，闭上眼睛，让脑袋放空，让耳朵尽情地发挥功能，也是一种难得的放松方式。学校卡拉OK社团里的学生经常在此练歌，上美术课时学生也经常在此写生；学校组织学生参加了南京市、全国多次自然笔记大赛，学生不必走出校门，就可以在此进行自然笔记的创作，美术教师可以现场对学生进行指导。

（4）柿子林篇

柿子树长得十分茂盛，生命力也很顽强，不需要怎么养护就可以在秋季收获累累硕果。学校物候小组的学生喜欢观测柿子树的成长过程，采用物候观测笔记的形式记录下它们成长中的点滴。秋季的采摘活动是学生喜欢的一项活动，他们看着摘下来的柿子，觉得很有成就感。虽然柿子树很高，采摘起来比较困难，但是也抵挡不住学生的热情，他们可以从中体会到丰收和劳动的喜悦。红山美食节时，学生在家长和教师的带领下制作各种柿子美食，在班级内分享。柿子的果实和叶子也可以被用来做各种手工物件，甚至校园中的各种果实、叶子、根茎都可以通过学生的一双巧手变成有趣的小玩意。这些小玩意会被学生拿到爱心活动中进行义卖，很受欢迎。

（5）小木桥篇

小木桥的建构十分古朴，人在桥上穿梭，感觉格外浪漫。桥头有一个竹文化介绍牌，上面的文字对竹文化进行了详细的解读，桥尾有一个枯树木桩，潮湿的环境让这里成了一个天然的生物栖息地。如果你仔细寻找，还可以发现很多的小生命（如昆虫、菌类、小绿芽等）。这个枯树木桩上的小生命经常在学生的作文中出现；学校每年的春早摄影大赛上，经常能看到枯树木桩长出嫩芽的情景，有的学生甚至用相机记录下了一株小芽的生长过程。

（6）翠竹林篇

密密麻麻的竹子长满了竹林，人走在林中，一缕阳光照进来，可以体会到在丛林中冒险的感觉。每逢春季大雨过后，学生可以在林中找到很多新长出的竹子，学生会像发现新大陆一般，十分雀跃。竹的高贵品质，成为很多文人墨客的心头好。学生可以在此体会到竹的高洁与不屈。在此，画一幅画，此地便是一道靓丽的风景；唱一首歌，曲径通幽，嗓音也会格外嘹亮；做一个小科学家，就会发现很多有趣的小昆虫。

（7）悬铃木篇

在和美生态小径的尽头是一片阴凉处，在此有7棵悬铃木。夏季，这几棵悬铃木形成一大片树荫，人气也变得非常旺，学生和教师都喜欢在此乘凉，最大的一棵树要两个学生手牵手才能环抱过来，这个体验活动可以让学生感受到树的年轮；每到秋季，悬铃木的叶子大量掉落，学生喜欢拾一些漂亮的叶子作为书签，因此挑拣好看的叶子也成了他们的一大乐趣。有时落叶太多，堆满了跑道，影响了正常的体育活动，学校会经常组织教师或是学生干部先将操场上的树叶扫起，然后把这些叶子堆到周围的花丛中让它们自然腐化成为肥料。体育课堂中经常会有耐力跑训练，只是围绕着操场跑步往往会比较枯燥，教师会要求学生围绕校园跑，这样和美生态小径也成了学生运动探险的好去处。

3. 教育价值

优美的校园环境起着潜移默化的育人功能，因此要善于挖掘校园的环境教育资源，充分利用学校地理环境的优势和学生生活环境的特点，将生态环保教育与生活实践结合起来。学校校园环境建设比较成熟，有不少活动资源可以挖掘。因此，依托校园环境文化建设，打造绿色环保特色活动，建构特色的和美生态小径。例如，学校体验式生态道德教育活动坚持以人为本，以生态体验为核心，让学生在开展各种专题活动中体验人与自然、人与社会、人与人的和谐，营造学校的和美文化氛围。

喜爱源自了解和责任，那么让学生参与到环境设计与维护之中，师生共同体验劳动成果是很有意义的。学校充分利用校园环境，形成独特的和美生态小径，把美丽的自然风景搬到校园之中，在各种各样的实践活动中引导学生会欣赏、会养护、会生活，懂知识、懂珍惜、懂生活。为了让活动系列化和体系化，北小红山分校将每年的 11 月定为"自然体验月"。

美术组教师带领学生在和美生态小径中绘画；科学组教师指导学生发现大自然的奥秘；体育组教师通过游戏教学，引导学生在游戏中与自然亲密接触，并感受学习的乐趣；语文组教师引导学生撰写作文，让学生通过观察美丽的校园景色，写出动人的词句；数学组教师带领学生在区里的比赛中获得不错的成绩；学校的德育处每年还会组织春早摄影大赛，鼓励学生用相机发现校园的美景，让学生用自己的视角记录下校园一隅。

当然，由于学校的资源仍然十分有限，教师仍要继续挖掘和美生态小径的资源，丰富实践活动的形式。

在 2017 年南京市玄武区最美校园的评选中，北小红山分校脱颖而出，其颇具特色的和美生态小径，是所有学生心目中最美的景色。正如学校的校歌所写的那样，自然体验离不开学科的主阵地。有效的学科整合，加上学校自然环境的优势，定会让学校的发展越来越好。

4. 开发校本资源，创设"一路十园"

在新校区建立之初，学校结合市绿色景观学校的创建，发动师生和家长对校园的 4 条道路和 10 个相对独立的绿色园地进行命名。师生以中国少年雏鹰行动和雏鹰动物科学院的名字命名了"雏鹰路"；以动物的名称和形似动物的文化石命名了"熊猫园""海豹园""飞鸟园"；以植物的名称命名了"玉兰园""海棠园""红枫园""香樟园""翠竹园"；以人与自然和谐共处的理念命名了"和园"，并分别寓以具有某种象征及教育意义的品格和精神；以育德理念命名了"种植园"和"蝴蝶园"。最初，学校为了让学生体验劳动教育，在校园内开辟了多个种植项目，如土豆、玉米、生菜、莴笋等，让学生体验到了播种、施肥、收获的劳动乐趣。后因校园建设的需要，种植园被占用，师生继续挖掘校园环境，开展了蝴蝶进校园活动，开辟了"蝴蝶园"，形成了蝴蝶长廊（图 5-2）。

图 5-2 "一路十园"

（1）以动物的名称和形似动物的文化石命名的园林：熊猫园、海豹园、飞鸟园

① 熊猫园。

大熊猫圆头圆耳，尾巴很短，身体肥胖，毛色黑白相间，喜欢独栖，爱吃箭竹，善于攀爬，姿态可掬，栖息于川西、陕甘南部海拔

1 300~3 600 米的高山竹林中。大熊猫不仅是中国的国宝,而且其形象还被世界野生动物协会选为会标,并常常担当中国的"和平大使"。

② 海豹园。

海豹种类繁多,分布于北半球、南极大陆附近的温带及寒带海洋中,海豹体态圆润,头上长着一双又黑又亮的眼睛。它的鼻孔朝天,嘴唇中间有条纵沟,很像兔唇。海豹善于潜水、游泳。

③ 飞鸟园。

飞鸟是天之骄子,流线型的身体、发达的双翅、轻柔的羽衣、中空的骨骼令其在空中自由翱翔。全世界9 000多种鸟类共同组成了鸟的家族。飞鸟园中的"飞鸟",形似和平鸽,由600多株杜鹃栽成,象征着自由、和平、友好、和谐。

(2) 以植物的名称命名的园林:玉兰园、海棠园、红枫园、香樟园、翠竹园

① 玉兰园。

白玉兰是落叶乔木,高达15米,径粗可达2米,树冠年幼时为狭卵形,成熟大树则呈宽卵形或松散的广卵形。原生态大树主干壮实,花量稍稀。嫁接种呈多干状或主干低分枝状特征,节短枝密,树体较为小巧,但花团锦簇,远观洁白无瑕、妖娆万分。紫玉兰是落叶灌木,树体较白玉兰小巧,花瓣呈紫色。白玉兰、紫玉兰均为优良的庭园观赏树木。

② 海棠园。

海棠花叶繁茂,婀娜含娇,是优美的观赏植物。每年三四月间便是海棠盛开的季节。虽然其花瓣较小,但是花团锦簇,重葩叠萼,一树千花,令人陶醉。唐朝贾耽曾把海棠称为"花中神仙"。海棠为落叶乔木,叶片呈卵圆形,分布较广。古往今来,人们一直称颂海棠。北宋著名文学家苏东坡称颂海棠"嫣然一笑竹篱间,桃李满山只粗俗"。当代文学家更从品性上称赞海棠"宁愿自我牺牲,不忘琼瑶之极"的精神。

③ 红枫园。

红枫的落叶为小乔木,是重要的园林色叶树种,也是众多槭树中的著名树种。红枫树形态优雅,姿态婆娑,枝序整齐,层次分明,树

皮呈深灰色，树枝细瘦。叶形纤秀，单叶对生，叶柄长 4~6 厘米，无毛。叶片为掌状深裂，裂片有 7 片，呈长卵形或披针形。叶色艳丽，红色持久，十分逗人喜爱。红枫是鸡爪槭的变种，品种较多，花瓣呈紫色，伞房花序，雌雄花同株，是一种非常美丽的观叶植物。

④ 香樟园。

香樟属常绿大乔木，为亚热带常绿阔叶树种，性喜温暖湿润的气候条件，不耐寒冷，适于生长在年平均温度为 16 摄氏度以上、绝对低温零下 7 摄氏度以上的地域。香樟树雄伟壮观，四季常绿，树冠开展，枝叶繁茂，浓荫覆地，枝叶秀丽而有香气，是作为行道树、庭荫树、风景林、防风林和隔音林带的优良树种。香樟对氯气、二氧化碳、氟等有毒气体的抗性较强，也是工厂绿化的好材料。香樟的枝叶破裂后散发香气，对蚊虫有一定的驱除作用，该树也是重要的环保树种。

⑤ 翠竹园。

翠竹是禾本科、赤竹属小型灌木状竹类植物。地下茎复轴型，竿高可达 0.4 米，竿箨及节间无毛，节处密被毛。叶密生、二行列排列；叶鞘有细毛；叶耳不发达，鞘口繸毛呈白色；小穗成熟后呈紫红色，含小花；颖质厚实，花丝细长，花药呈线状，花柱较短，柱头呈羽状。颖果较小，成熟后呈深褐色。翠竹象征刚正不阿的气节及富有青春永驻、坚强不息等寓意。

（3）以人与自然和谐共处的理念命名的园林："和园"

在"一路十园"中颇具代表性的就是红山"和园"。夏季，水池里游动的金鱼、蝌蚪、青蛙和垂柳遥相呼应，形成了和谐校园美丽的一景。在"红山人"的眼中，和谐校园不仅包括优美的环境、和谐的人际关系，还包括丰富的精神文化。学校也做到了自然环境与人文环境的共融，于是便有了"和美"一词。

和美是中华传统孔孟思想的精髓。"和"是"和谐、和睦"，"美"是"美好、美满"。"和美"，即以"和"为"美"，以"和"至"美"，追求以和为贵、以真为美。和美传统道德思想是取中华传统道德思想中"天人合一""内省修养"的思想内核，指向个体道德成长的修养境界，包含指向自身成长的"修身、齐家、治国、平天下"的境界追求，"和"是指自然之和美、人事之和美、心灵之和美,也是道家思想的精髓所在,老庄思想中提倡"顺道",追求人与自然的和谐,着力生成人与自然、人与他人、人与自身之间的适然关系,道家思想特别强调人与自然之间的和谐与顺适。和美是中华传统道德思想的瑰宝,也是人们追求和向往的一种境界与目标。

(4) 以育德理念命名的园林:种植园、蝴蝶园

① 种植园[①]。

针对现在学生远离自然的状况,学校开设了"物候童趣"种植园,共分为6个功能区,即饲养区、果园区、爬藤区、肥料加工区、南京珍稀濒危植物种植区、24个班的种植认养区。教师通过课题研究、观察作文、笔记自然等实践,提高了学生的实践能力。在菜农的指导下,教师带领学生一同翻土、整理、播种、浇水、管护等,组织学生参与实践,在劳动体验中,培养学生的动手能力,让学生体验劳动带来的快乐。

② 蝴蝶园。

站在儿童的立场,学校积极建设特色蝴蝶园。蝴蝶园不仅是一处彩蝶纷飞的园地,也是学生学习和探索的场所,这里蕴含着大自然的奥秘和神奇的力量。学生在研究蝴蝶、饲养蝴蝶的过程中,也能学会尊重自然界的每一个生命,树立积极的人生观。学校把一楼的生态园地和四楼的天台都开辟出来打造成蝴蝶园,同时也把主动权交给了学生。教师带领学生参观场地,同时鼓励学生自行设计蝴蝶园,尊重学生的发现和创造。很多学生的建议也被学校采纳。

在充分尊重学生的能动性的前提下,学校的蝴蝶园初具模型。成熟的蝶类生态园目前有两块:一块是以橘子树为主要植物的柑橘凤蝶生态园地,另一块是以马兜铃植物为主的丝带凤蝶生态园地。两大园地物种丰富,不仅有蝴蝶幼虫吃的橘子树和马兜铃,也有蝴蝶成年后所需的蜜源植物(蝴蝶要吸花蜜),这些植物也起到了装饰园地的作用。同时,为了省去人工浇水的烦琐及体现现代技术的引用,学校安排人员在楼顶安装了滴灌设备。学校采用学生设计的园地路线,增设休息区(长条凳子、遮阳伞),可供师生来此散心、小憩,增强其实

---

① 该园后被占用,故不放于"一路十园"之中。

用性。

鹰之志向、竹之气节、兰之品格、香樟之挺拔、生态之和谐、和平鸽之使命等，赋予物质形态的"园"和"路"以丰富的文化和教育内涵，充分发挥绿色景观文化的教育功能。与"一路十园"相配套的是学校的绿化，绿色文化也是学校精神文化的载体。

5. 依托校园环境，创建国际生态学校

由于学校环境特色教育成果显著，德育教师受邀参加了全国各地德育方面的活动和培训，而在各种培训活动中，他们有幸认识了著名环境教育专家徐大鹏老师，并邀请他和江苏省环保厅原主任宋振亚对全体教师做了"推进生态文明建设，创建国际生态学校"的专题辅导。教师按照国际生态学校创建"七步法"进行了专门的学习。此外，学校还邀请了徐大鹏老师给全体教师进行培训，以提高教师参与实践的意识，保障此项工作的深入进行。

学校的仲召弟老师组织了一批能干的大队干部做了一项名为"校园环境大调查"的研究。他在统计票数时，发现学生对乱踩草坪这一现象关注比较多，而出现这一现象的原因是学生对植物的认识不够深入，没有发自内心地关爱植物。

（1）成立创建委员会

结合国际生态学校的创建理念，学校成立了由学生、学校管理者、教师及来自家委会、社区和少年宫代表组成的国际生态学校委员会。该委员会由52人组成，会长2人（其中学生1人），副会长2人（其中学生1人），专家代表2人，学生代表36人，家长代表2人，教师代表6人，社区代表2人。同时，学校还聘请了环境教育专家徐大鹏老师担任创建国际生态学校的顾问。在这些代表中，以学生为主体，其中学生委员38人，他们来自学校20个班级，由各个班级推荐、选举产生。该委员会负责对国际生态学校的有关事宜进行决策、协调。

学校召开了创建国际生态学校的全体代表会议。为了统一思想认识，大家共同出谋划策。在此背景下，学校举行了由专家代表、教师代表、家长代表和全体学生参与的创建国际生态学校的开幕式。通过专家的指导与志愿者的参与，共同开展相关的活动。

在全校环境评审中，专家发现学生浪费粮食、不按类摆放垃圾、浪费水资源的现象少于40%，而对植物名称的认识和对植物的爱护的意识竟达到了76%，所以国际生态学校委员会一致决定将对植物的研究与爱护作为学校的研究主题。最后大家一致同意，确定本次会议的研究主题是认识校园植物。

在学生委员的评审中，学生代表发现校园仍存在着许多问题，特别是在认识校园植物、爱惜校园植物方面是目前学校比较突出的问题，主要表现为以下三点。

第一，踩草坪现象明显。校园内被踩的草坪来年就没法再长出来了，学校每隔几年就要把全校的草坪重新培植一次。

第二，学校关于动物方面的研究和活动较多，但是对植物的研究比较匮乏，因为生活在城市里的学生缺少与植物接触的机会。

第三，学生对植物的认识不足，相关的知识储备也不多。

为此，学校确立了实践目标：教师通过向学生介绍校园内的植物，让学生从此爱上美丽的校园，能够自觉地爱护花草，懂得树木的成长特性，体会植物与我们生活的密切联系，走进自然、亲近自然、与自然和谐相处。

（2）制订行动计划

对照行动计划，学校积极开展相关的研究活动。满园春风来，鲜花开遍整个校园，春天在众人的祈盼中悄然来临。原本暗淡的枯树已抽出新绿，原本单调的庭院已花开满园。娇羞的玉兰、小巧的连翘、浓艳的海棠，以及道路两旁成排的红花继木、冬青，都成为学生的留念。为了培养全校师生对花草树木的热爱，激发大家的摄影兴趣，丰富大家的课余文化生活，为大家营造轻松、快乐的氛围，学校举办了"校园春早摄影"大赛。本次活动结合校园创建工作，让师生积极地参与进来，拍摄的主题被定为"校园之物"。本次活动要求学生在完成拍摄之后给所拍的植物做一张明信片。经过一番激烈的比拼，一批优秀的摄影作品脱颖而出。学校邀请了相关专家进行指导，最后统计出学校共有植物42 000余株，共分为82个种类。其中常见的有47种，汇编入册，其中乔木23种、灌木16种、禾本植物3种、水生植物1种。

学校将这些材料做成小册子，它成为学生班会课的教材。教师拿着教材带领学生在校园中开启奇妙的认识校园植物之旅，因此校园中经常能看到三五成群的学生在细细观察校园之物。校园枯木上长出的新芽、翠竹园中的竹笋、悬铃木掉落的叶子等，这些都是学生有趣的发现。

（3）制作校园植物挂牌和植物二维码，让科技方便生活

原先学校的少年科学院小研究员通过资料查询，制作并悬挂了50多块植物标识牌。全校20个班级通过认养的方式积极参与绿色园地的维护和管理，既亲近了自然，又提高了花木的完好率和管养的质量。开展生态学校创建活动后，国际生态学校委员会的代表认为给校园植物挂牌对于提高大家对校园植物的认识和关爱，有着重要的意义，于是他们又积极为校园植物挂牌，现在已有100余棵植物被挂牌。学校又为所有线下的材料建立了一个线上的资源库，由科技组教师协助专业的人员给全校的所有植物制作植物牌，同时他们还为植物牌添加了二维码。过往的人只要拿着手机扫一扫，就可以即刻知道这个植物的所有信息。校园中也会经常看到学生、教师、家长拿着手机扫一扫二维码，就像探寻宝藏一样，寻找大自然带来的乐趣。

学校将"创建国际生态学校，营造校园生态环境"作为其办学和管理的一个重要内容。学校领导始终站在生态理念的高度，充分挖掘各种校园及校外资源，开展形式多样的环境教育活动。

爱护花草、认识花草、走近花草、亲近花草，是北小红山分校每一名师生铭刻于心的理念。无论大家走到哪里，哪里就有随手捡纸屑的身影；看到哪里，哪里就有闻闻花香的举动；想到哪里，哪里就有蓬勃生长的植物。

学校将一路坚持，挖掘更多隐形的教育资源，引进更多的专家、学者，开发更多的环保主题活动，让师生的每一天都能呼吸校园更芬芳的空气，欣赏更艳丽的花朵……

做过的事情总会留有痕迹，国际生态学校的创建、《校园植物志》的编写、每年的"校园春早摄影"活动等也是学生心中非常宝贵的经历和回忆……

二 给自己一桶水

为了进一步推动学校新绿芽课程改革,深化"深呼吸课堂"的教学研究,提高校本研修的质量和效果,促进学校教师的专业成长和发展,提高学校的办学质量,北小红山分校制定了一系列的校本研修制度,开展多方面、全学科覆盖的教师研修。我们相信,要给学生一杯水,教师要有一桶水。学校还认为,新时期的教师要不断学习,不断更新自己的知识。随时"添水""换水",不要使自己的一桶水成为"陈年老水"。尤其在信息时代知识更新迅速的今天,教师不能仅仅满足于原有的一桶"陈年老水",还要及时地对自己的一桶水更换更有营养价值的"优质矿泉水"和"活水"。学校的各级各类研修活动是教师得以迅速成长的密码。以学校教师专业发展的实际需求为导向,以学生的发展和教师的专业化成长为宗旨,以学校教育教学面临的实际问题,特别是以解决课堂教学实践中存在的问题为出发点,学校提出了"立足校本、面向学生、聚焦课堂、多向反思、特色发展"的培训宗旨。

以校为本的教学研究机制,加快了教师个人的专业成长,逐步提升了学校办学的理念与品位,为每一位师生的个性发展搭建了良好的平台,也为学生的终身发展奠定了坚实的基础。

(一)加强教育理论学习

随着课程改革的不断深入和发展,需要教师及时总结成功的经验与做法,讨论新问题,研究新对策,因此教师要不断学习,提高理论水平。

学校坚持开展教师读书活动,每学期教师至少要读1本教育教学书籍;更新教师的知识观、课程观、教师观,全面提高教师实施素质教育的能力和水平。通过校本培训(图5-3),教师把专业学习上升为一种自觉的行动。

图 5-3　教师进行校本培训

（二）抓好教师的业务学习

学校制订周密的业务学习计划，每周二、周四下午的业务学习以各教研组统一的主题来进行学习，确保教师的学习有计划、有内容、有讨论、有记录、有实效、有检查。教师要努力做到以下三点：一是自学与集体学习相结合；二是学习与交流心得相结合；三是自己学习与讲座指导相结合。教师在学习过程中既要有摘记，又要写下教学中的心得体会。学校会定期检查教师业务学习

图 5-4　教师业务学习

（图 5-4）的情况，并在学期末进行评比。

（三）营造良好的研修氛围

学校把校本研修与教育教学、教研活动紧密结合起来，从学校和

教师的实际出发，通过培训解决学校和教师的具体实际问题，提高教师的教育教学和教育科研能力。让"深呼吸课堂"教学理念深入每一节课，为学生的成长赋能（表5-1）。

表 5-1　北小红山分校"深呼吸课堂"教学评价表（试行）

班级		学科		教师			
内容		课型		评价等次			
一级指标	二级指标			A 85~ 100分	B 75~ 84分	C 60~ 74分	D 60分 以下
目标明 10%	1. 教学目标明确而全面，符合课程标准（大纲）和教材要求，满足不同学生发展的需要						
过程优 70%	2. 教学设计合理，操作演示正确，现代教育技术运用恰当						
	3. 教学内容突出重点、难点，呈现方式科学，符合认知规律，容量、密度适宜						
	4. 有效创设学生自主、探究、合作学习的情境，重视学生观察能力的培养、过程的体验						
	5. 关注学生正确的情感、态度、价值观的形成，重视健康学习心理和良好学习习惯的养成						
	6. 创设师生、生生互动的氛围，鼓励发表不同的见解，激发学生参与学习活动的热情						
	7. 反馈、矫正面向全体，形式多样，及时有效						
	8. 仪表端正，教态亲切，语言清晰，板书工整						
效果好 20%	9. 课堂气氛民主、和谐，学生学习主动、有效						
	10. 各层次学生都有收获，"三维"目标达成度高						

续表

简要评语		总分	
		等次	
说明	综合等次：85~100 分为 A（优质课）；75~84 分为 B（良好课）；60~74 分为 C（合格课）；60 分以下（教师单向灌输知识，或有科学性错误）为 D（不合格课）。		

听课时间：＿＿年＿＿月＿＿日　　听课人：＿＿＿＿

（四）加强教师培训工作

为使全体教师尽快适应新课程实施的要求，学校配合上级的培训计划，组织和安排好教师的培训工作，确保培训工作做到"五定"，即定时间、定人员、定地点、定任务、定内容。学校继续组织教师参加多媒体课件制作和培训学习活动（图 5-5），以促进教师制作和使用多媒体课件进行教学的技能及教学水平的提高。

为了促进教师教学水平的提升，努力搭建交流学习的平台，要求学科教师互相听评课，形成良好的深入课堂研究教学的氛围。学校有计划地组织教师外出听课、学习，让教师结合听课的收获和自己的感想，上好汇报课，引导教师吸纳教育新理念、新方法，发挥以点带面的作用，达到"一人学习，多人受益"的效果。

图 5-5　教师参加培训学习

（五）大力培养中青年教师

对于中年教师提出的要求，学校要给予他们更多的机会来展示才华，进一步提高他们的教学和研究水平，从而带动更多的教师以他们为榜样。

同时，学校还要认真抓好青年教师的理论学习工作，在青年教师中开展读书活动，培养青年教师的读书习惯。对具有发展潜力的青年教师以其课堂教学流程为突破口，从课堂组织、课堂教学、教学研究等各方面把关（图5-6）。

图 5-6　青年教师加强理论学习工作

三　精彩瞬间

北小红山分校充分挖掘其森林学校的特色文化内涵，从"物候童趣"项目出发，开展符合生态道德教育要求的活动课程，每月开设一项大型活动。在各项活动中，教师通过写一写、画一画、走一走、做一做、尝一尝等方式，增强学生的体验感。

（一）场景一："我和春天有个约会"

学校精心组织开展了"寻找红山最美声音"——绿芽炫音演讲比赛（图5-7）、"校园春早摄影"——绿芽摄影比赛、生态涂色卡——绿芽涂鸦比赛三项竞赛活动。本次活动中，全校一至六年级的学生，人人都有了机会参与，人人都有了新的收获，人人也都有了新的发展。经过评委老师的公正评选，涌现出了不少获得单项奖的学生和团体。在这里，向获奖学生和团体表示祝贺。

图5-7 "寻找红山最美声音"——绿芽炫音演讲比赛

在绿芽炫音演讲比赛中，有的学生描写了春景、校园美景，有的学生讲述了关于践行核心价值观、争当好少年的内容，展现了新时代小学生积极奋发的精神风貌。在绿芽摄影比赛中，有的学生用相机拍下美好的春景，让和美校园在师生的心中扎根。在绿芽涂鸦比赛中，学校发放涂色卡，各个班级组织学生自由涂色，优秀的作品还将继续被推荐参加国际生态学校AAE项目涂色大赛。

"自由呼吸，顺性生长"是学校的办学愿景，学生都是"清新、向上、有灵气的新时代红山学子"。学校组织丰富多彩的活动，让学生体会自然之美，让学生锻炼自我、挑战自我，让学生树立起保护动物、保护大自然的意识。

（二）场景二："我和鸟儿有个约会"

4月20日—26日是江苏省爱鸟周。4月20日，2019年江苏省暨南京市爱鸟周活动开幕式在红山动物园内举行（图5-8）。

图5-8　2019年江苏省暨南京市爱鸟周活动开幕式

本次活动的主题为"关注候鸟迁徙，维护生命共同体"，由江苏省林业局、南京市绿化园林局、中华人民共和国濒危物种进出口管理办公室上海办事处主办，红山动物园、南京市林业站、江苏省野生动植物保护站、江苏省动物学会承办，江苏观鸟会、直播南京、北小红山分校等单位联办。红山动物园园长沈志军代表承办单位介绍了本次爱鸟周活动的组织及筹备情况。此次爱鸟周活动共有5大项33场，从4月7日起，鸟类生态讲坛、候鸟摄影故事大赛、鸟类趣味课堂、市民观鸟体验、丹顶鹤孵化直播等活动已陆续推出，南京市观鸟大赛也正式启动。各项工作都在按计划地有序推进。

(三)场景三:"我来认养珍稀动物"

在热情的 6 月里,快乐的暑假在期盼中姗姗而来,北小红山分校第 21 届科技夏令营也即将拉开序幕。学校自 2000 年与红山动物园共建以来,连续 19 年师生每人每月节约 1 元钱,集体认养红山动物园动物,现已先后认养了多种动物,如华南虎、金丝猴、丹顶鹤、大熊猫、非洲冠鹤、黑熊等珍稀动物,它们都是学生的好伙伴。这样的认养珍稀动物的活动既坚持了北小红山分校的优良传统,又教育了学生要从我做起,做小事做起,切实保护珍稀动物,保护大自然(图5-9)。

图 5-9 认养珍稀动物

(四)场景四:"为动物发声,做自然守护者"

自 2012 年起,北小红山分校正式加入由国际爱护动物基金会在全球发起的国际爱护动物行动教育活动。之后每年,学校都会开展一系列的动物文化月活动,旨在增强广大在校学生保护、善待动物的意识,并鼓励他们将理念付诸行动。2021 年,该活动的主题是"为动物发声,做自然守护者"。北小红山分校作为国际生态学校,结合学校生态环境教育的科技特色，开展动物文化节活动，激励学生参与到绿色行动实践活动中来，树立保护动物、爱护生命的意识，并提高学生的综合素养。学生在广泛搜集资料的基础上，通过完成主题征文、书签制作、自然笔记、创意视频制作等，把自己的认识付诸行动，一定能有所收获。

生态体验是一种崭新的道德教育理念，也是一种有效的道德教育。与传统的教育方式不同的是，生态体验不是由教育者强加给受教育者的，而是注重学生自己在体验中形成一种"生态德性"，让学生去亲近、去欣赏、去感受大自然的美好与和谐，学会感激、敬畏与尊重，学会与环境和谐相处，养成善待环境的行为习惯。所以说，生态道德教育既是对人际德育的继承、发展和超越，也是一种新教育活动。

（北小红山分校　吴嘉伟）

"十四五"展望：
用六年为儿童一生赋能

北小红山分校以儿童的天性为起点，以学生的素养养成为指向，以"国家大数据战略""数字中国"为宏观愿景，构建了新绿芽课程，还创建了诗韵艺苑、亲知工坊、科创梦乐园等近20多个学习空间。在这里，学生的自然心性得到了尊重，优势智能得到了唤醒，学科志趣得到了培植。操场上美与竞技相得益彰的跳绳、梦乐园里观察自然的静谧时光、工坊中巧思细琢的专注神情……定格了校园生活的美好。与外教教练对话，打开跨文化视野；走出校园，在复杂情境中进行探究学习；认养珍稀动物，让责任伴随自己成长……

北小红山分校传承南京市玄武区教育发展理念，践行爱的教育，培养智慧阳光、健康自信及具有国际视野、民族情怀的红山学子。在"深呼吸课堂"中，学生走向学科深处，感受学习志趣，浸润于绿意盎然的校园生活，其思维、情感、创造意识如同绿芽儿一般萌发、长大。

学校因多样的课程设置、鲜明的育人特色，被评为"全国生态环境教育百强学校""国际生态学校""全国青少年篮球特色学校""全国花绳特色学校""江苏省智慧校园""江苏省平安校园""江苏省优秀家长学校""江苏省特色课程基地""南京市文明单位""南京市园林式校园""玄武区星光基地"等。

教师是一所学校的核心竞争力。北小红山分校将自我发展与借力发展紧密结合在一起。这里有一群走向成熟的教师，他们既有探索者的热情、创意、活力，又有守护者的爱心、情怀、精神。

这里是骨干教师成长的摇篮。学校100%的教师加入名师工作室孵化成长计划，63%的教师成为核心成员，52.3%的教师荣获"市区级骨干"的称号。学校为每一位教师搭建了专业成长平台，形成北小红山分校发展的核心竞争力。同时，学校还培养了一批批卓越的教师和教研团队。他们研究儿童，研究教材，研究教学创新、数字化课堂改革……不知不觉，已跑在了教育发展的前列。

在高起点的办学标准下，北小红山分校将实现新的跨越式发展，学校将新增15 000平方米的新校区，配备功能更强大的教学设施，拟建音乐厅、儿童剧场、数字美术馆、电子阅览室等。

南京市玄武区新中心的崛起，召唤着一批掌握前沿教育理念的教育工作者，吸引着一群追逐梦想的翩翩少年。红山校园，优美宁静；红山师生，朝气蓬勃。北小红山分校的教师迎着区域开发的新浪潮，砥砺奋发，载梦前行，用六年为儿童一生赋能。